만나면
내 편이 되는　　**매력의
조건**

만나면
내 편이 되는 매력의
조건

양광모 지음

이따금 딸과 아들에게 물어본다.

"딸, 어른이 되면 아빠에게 뭘 해 주기로 했지?"
"용돈, 그리고 세계여행 보내드리기로 했어요."
"아들, 어른이 되면 아빠에게 뭘 해 주기로 했지?"
"집, 아파트, 자가용 해 드리기로 했어요."

아이들의 대답을 들으며 나는 흐뭇함을 느낀다. 아주 어렸을 적부터 맺은 약속(?)인데 나이가 들면서 잊어버리지 말라고 이따금 확인하는 것이다. 물론 농담 반, 기대 반이다. 그렇지만 가능하다면 내가 노년이 되었을 때 사랑하는 딸, 아들에게 진심에서 우러나오는 효도를 받고 싶다.

나는 계산적인 부모인가?

내게는 팔순이 되신 부모님이 살아계신다. 평생 자식에게 베풀어 주신 무한한 사랑을 생각할 때마다 내가 할 수 있는 한 조금이라도 부모님의 은혜에 보답하고 싶은 마음이 간절하다. 나는 인간적인 자식인가?

지난달, 친구의 생일을 맞아 10만 원짜리 넥타이를 선물했는데 오늘 내 생일선물로 12,000원짜리 책 한 권을 선물 받았다. 서운한 마음이 든다. 며칠 전, 직장 동료가 퇴근도 못 하고 고생을 하기에 함께 남아 일을 도와줬는데 오늘 간단한 부탁을 일언지하에 거절당했다. 은근히 섭섭한 마음이 든다. 어제, 아내가 몸이 아프다고 말하기에 한 시간 동안 안마를 해 줬다. 오늘 내가 안마를 부탁하니 5분쯤 형식적으로 하는 시늉만 내더니 바쁘다고 모른 척한다. 괘씸한 마음이 든다. 취미모임에서 알게 된 사람이 찾아와 저녁식사를 함께 먹었다. 지난번에는 내가 대접했으니 이번에는 얻어먹어도 되겠지 생각했는데 옷가지를 챙기며 시간을 끌기에 어쩔 수 없이 내가 계산을 했다. 너무 얌체 같고 무언가 손해 보는 느낌이 든다.

인간적인 사람이 좋다. 아무런 이해타산도 따지지 않고 먼저 양보하고 더 많이 베풀어 주는 사람이 좋다. 그러나 사람들 대부분은 계산적인 존재다. 내가 준 만치 받지 못하면 서운하고, 내가 준 것을 돌려받지 못하면 더이상 주지 않는다.

투자와 보상의 균형이 맞지 않으면 인간관계는 결국 깨지기 마련이다. 당연한 말이지만 세상의 어떤 사람도 손해만 보는 일방적인 관계를 원하지 않는다. 이렇듯 타인에게는 인간적인 모습을 원하면서도 스스로는 계산적인 존재가 사람이다.

그러나 인간관계는 계산적인 관계가 차라리 바람직하다. 여기서 말하는 계산적인 관계는 이해득실에 따라 행동하는 것을 말하지 않는다. '자신의 말과 행동이 다른 사람에게 미치는 영향을 헤아리고, 다른 사람들의 생각과 감정을 헤아리고, 좋은 관계를 형성하려면 어떻게 해야 하는지 헤아려 보는 관계'를 의미한다.

사실 사회생활에서 느끼곤 하는 인간관계의 가장 큰 문제점은 사람들이 너무나 비계산적이라는 사실이다. 상대방이 무엇을 생각하는지, 어떤 상황에 처해 있는지, 무엇을 원하는지 헤아려보고자 노력하는 사람을 찾아보기 어렵다. 그저 생각나는 대로 말하고, 자기 편한 대로 행동한다. 당연히 인간적인 관계가 만들어지는 것이 아니라 자기중심적인 관계가 만들어진다.

이 책의 내용은 다소 계산적이다. 처음 만난 사람에게 호감, 기대감을 형성하고, 알고 지내는 사람들 사이에 공감, 친밀감, 신뢰감을 형성할 수 있는 방법에 대해 적었다. 처음부터 끝까지 주의 깊게 읽은 사람들은 누구와도 성공적인 인간관계를 형성할 수 있을 것이다.

그러나 분명히 말하건대 나는 이 책을 읽은 사람들이 인간관계에서 '흑자'를 내는 걸 원치 않는다. 오히려 큰 폭의 손해, 더 많은 적자를 기록하길 기대한다. 아이러니하지만 그 길만이 인간관계와 인생의 최종 결산에서 흑자를 낼 수 있는 유일한 방법이기 때문이다.

자기 것을 지키겠다고 주먹을 움켜쥔 손으로는 악수를 할 수 없으며 사람들의 마음을 얻을 수 없다. 아무쪼록 가족, 친구, 직장 동료, 주변 사람들에게 더 많이 양보하고, 더 많이 이해하고, 더 많이 베자. 흑자가 아니라 적자를 감수하는 사람만이 친밀한 인간관계를 형성할 수 있으며 진실된 우정, 평생의 벗을 만들 수 있다.

부족한 원고가 세상에 나올 수 있도록 소중한 기회를 제공해 준 도서출판 청년정신에 깊은 감사를 드린다. 이 책을 읽는 독자 여러분에게도 무한한 애정을 보낸다. 혹시라도 도움이 필요한 일이 있다면 언제든지 표지에 적혀 있는 메일로 연락하시라. 여러분의 앞날에 무한한 성공과 행복이 함께 하길 기원하며 스피노자의 명언을 옮겨 놓는다.

"나는 다른 사람의 행동을 비웃거나 탄식하거나 싫어하지 않았다. 오로지 이해하려고만 하였다."

차례

CHAPTER 5.

친밀감: 함께 있으면 즐겁고 편안한 사람

CHAPTER 5.

신뢰감: 먼저 네 편이 되라

CHAPTER 1

사람들을

내 편으로 만드는 방법

돈이 아닌 사람을 쫓아라

어느 상쾌한 봄날 저녁, 맨해튼의 한 술집 별실에서 남녀 24명이 '스피드 데이트speed-dating'라는 독특한 모임을 가졌다.

처음에는 모두들 어색한 듯 자신의 앞에 놓인 술잔만 비우고 있었는데, 이윽고 큰 키에 인상적인 외모를 지닌 진행자 케일린이 행사의 시작을 알리자 분위기가 활기를 띠기 시작했다. 케일린은 모든 남자와 여자가 돌아가며 각각 6분씩 대화를 나누게 될 것이라고 선언했다. 여자들은 방을 빙 둘러 붙여놓은 낮고 긴 소파에 앉는다. 남자들은 케일린이 벨을 울려 6분이 지났다는 신호를 던지면 자리를 옮겨가며 대화 상대를 바꿨다.

투자은행에서 금융 분석가로 일하는 론은 두 여자를 점찍었는데 한 사람은 대화가 1분 30초쯤 흘렀을 때 결정했고, 2번 자리의 릴리언은 앞에 앉는 순간 결정했다고 말했다. 릴리언 역시 론이 마음에 들었다. 나중에 밝혀진 사실이지만 그곳에 나온 여자들 중 많은 수가 만나는 순간 론을 마음에 들어 했고, 또 많은 남자들이 첫눈에 릴리언에게 호감을 느꼈다. 둘 다 사람의 이목을 잡아당기는 매혹적인 불꽃을 지니고 있었던 모양이었다.

파란 양복 차림의 의학도 존은 만남이 끝나자 이렇게 말했다.

"아시겠지만 여자들은 진짜 눈치가 빠릅니다. 단박에 알지요. 이 남자가 맘에 드는지, 이 사람을 부모님께 선보일 수 있을지, 이 사람이 세상 물정 모르는 바보인지."

- 〈말콤 글래드웰의 '첫 2초의 힘, 블링크' 중에서〉

소개팅에 나갔다.

낯선 남자와 낯선 여자는 어떻게 사랑에 빠지게 될까?

직장에 입사했다.

어떻게 하면 상사와 동료들을 내 편으로 만들 수 있을까?

새로운 고객을 만났다.

어떻게 하면 친밀한 관계로 발전되어 계약을 체결할 수 있을까?

취미모임에 가입했다.

어떻게 하면 회원들에게 인기 있는 사람이 될 수 있을까?

결혼을 했다.

부부간에 갈등이 없으려면? 자녀들과 친밀해지려면? 시부모의 사랑을 받으려면 어떻게 해야 할까?

나는 정치, 경제, 노동, 교육 등 여러 분야에 걸쳐 다양한 활동을 하며 살아왔다. 그리고 그러한 활동을 통해 수많은 사람들을 만났다. 휴대폰에 저장된 번호만 1만 명에 달하고 보면 어림짐작으로 계산을 해봐도 그동안 만난 사람이 수십만 명은 넘을 것인데, 때로는 달콤한 성공을 맛보았고 때로는 쓰디쓴 실패를 경험하며 돈, 명예, 권력을 모두 좇아봤었다. 그리곤 마침내 생텍쥐페리의 말에 전적으로 동의하게 되었다.

"인간은 상호관계로 묶어지는 매듭이요, 거미줄이며, 그물망이다. 이 인간관계만이 유일한 문제다."

누가 뭐라고 말해도 인생에서 가장 중요한 것은 인간관계다. 인생은 부모, 형제, 친구, 스승, 연인, 직장 동료, 고객, 사회 인맥 등 관계와 관계의 연속이다. 직장과 사업에서의 성패는 인간관계에 의해 달라지며 인생의 궁극적인 목적으로 꼽는 행복 또한 인간관계에 의해 결정된다. 또한 행복은 오직 관계 속에서 비롯된다. 돈, 명예, 권력이 있어도 인간관계가 불행한 사람은 절대로 행복해질 수 없다.

이렇게 인간관계의 중요성을 깨닫고 나니 여러 가지 의문이 생겨나기 시작했다. 사람과 사람은 어떻게 만나는 걸까? 처음 만난 사람과 친해지려면 어떻게 해야 할까? 다른 사람들을 내 편으로 만들려면 어떻게 해야 될까? 나는 인간관계에 관한 모든 것이 알고 싶어졌다. 그리곤 그 해답을 찾기 위해 책을 읽고, 인터넷을 검색하고, 여기저기 교육과정에 참석하였다. 그 어디서도 속 시원한 정답을 알려주지는 않았지만 그런 노력을 통해 내 나름대로의 해답을 갖게 되었다.

인간관계에는 여러 가지 요소들이 복합적인 영향을 미치기 때문에 완전한 비밀을 밝혀내는 데는 한계가 있을 것이다. 그렇지만 조금만 주의를 기울이면 인간관계에 공통적으로 작용되는 몇 가지 객관적인 원칙들도 쉽게 발견할 수 있다. 그런 법칙들을 이해하고 훈련을 거듭한다면 우리는 쉽게 다른 사람들과 친해지고, 사람들을 내 편으로 만들 수 있는 능력을 가질 수 있다.

이 책에서 설명하는 인간관계의 법칙을 적극적으로 활용한다면 누구나 이성의 마음을 사로잡고, 고객을 내 편으로 만들고, 직장에서 가장 인기 있는 사람이 될 수 있다. 또한 세상에서 가장 행복한 가족, 가장 믿음직한 친구를 만들 수 있다. 그러기 위해 먼저 명심해야 할 것은 "인간관계가 가장 중요한 문제점이요, 해결책"이라는 사실이다. 성공과 행복은 모두 인간관계에 달려 있다는 사실을 잊지 말자.

사람이 운명이다

마법의 주문이 있어 사람들을 내 편으로 만들 수 있다면 얼마나 좋을까? 사랑하는 연인의 마음을 사로잡고, 직원들의 마음을 사로잡고, 고객의 마음을 사로잡고, 청중의 마음을 사로잡고, 유권자의 마음을 사로잡을 수 있다면, 세상을 모두 내 것으로 만들 수 있으니 생각만으로도 신나고 멋진 일이 아닐 수 없다. 과연 사람들을 내 편으로 만드는 비법은 세상에 존재하는 것일까?

먼저 대인관계의 달인으로 유명한 몇 사람의 이야기를 들어보자. 흥미롭게도 이들 모두는 여성들로부터 인기가 많았거나, 바람둥이로 소문난 인물들이다. 하기야 사람들을 내 편으로 만드는 비법만 알고 있다면 이성의 마음을 사로잡는 일도 그다지 어려운 일은 아닐 것이다.

이탈리아의 문학가이자 모험가이며 희대의 바람둥이였던 카사노바는 자서전 『불멸의 유혹』에서 여성이 자신을 사랑하도록 만드는 방법에 대해 다음과 같이 적어놓고 있다.

"여성은 자신이 매우 사랑받고 있으며 매우 소중한 존재라는 사실을 일깨워 주는 사람과 사랑에 빠진다. 따라서 여성을 진심으로 사랑하고, 그 여성이 얼마나 아름다운 존재인지 일깨워 주고 소중하게 대해 주기만 하면 모든 여성으로부터 사랑받을 수 있다."

우리나라에서 "인간 복덕방"으로 불리는 조영남은 한 신문과의 인터뷰에서 인맥관리의 비법을 묻는 기자에게 다음과 같이 대답하였다.

"누가 나에게 반 고흐처럼 살아서 외롭다가, 죽어서 유명세를 얻겠냐고 묻는다면, 노№. 난 싫어. 난 죽어서 아무도 나를 기억 못하더라도 살아서 사람들과 함께 즐기고 싶어. 그만큼 사람이 좋고 또한 사람이 소중해."

백악관 인턴직원 르윈스키와 섹스 스캔들을 일으킨 미국 클린턴 대통령에게는 다음과 같은 일화가 전해진다.

정치적인 반대파들이 클린턴을 일 대 일로 만나고 나면 매우 호의적으로 변한다는 사실을 듣고 한 언론사 간부가 인터뷰를 요청하였다. 마침내 20분 동안 클린턴을 만나고 난 후 그는 다음과 같이 말하였다.

"클린턴은 세계에서 가장 바쁜 미국의 대통령이다. 그런데 인터뷰를 하는 20분 동안 클린턴은 마치 이 세상에 나밖에 없다는 듯이 대해 줬다. 자기에게 가장 소중한 것은 오직 '나뿐'이라는 듯이⋯."

이미 눈치가 빠른 분은 짐작하겠지만 세 사람의 이야기에서 공통적으로 나타나는 단어는 '소중'이다. 사람은 누구나 자신을 소중하게 생각하고 소중하게 대해 주는 사람을 좋아한다. 앞에서 소개한 사례를 통해서도 알 수 있는 것처럼 사람을 소중하게 대하면 여성의 마음도, 정적政敵의 마음도, 세상 사람들의 마음도 모두 얻을 수 있다. 따라서 사람들을 내 편으로 만드는 핵심 비법은 사람을 소중하게 생각하는 것이다. 인간관계에는 대인 신념, 대인 동기, 대인 성향, 대인 기술의 네 가지 요소가 결정적인 영향을 미치는데, 이 중에서 가장 중요한 요소가 올바른 대인 신념이다. 사람들을 내 편으로 만들고 싶으면 사람과의 관계, 만남에 대해 다음과 같은 신념을 가져야 한다.

첫째, 성공과 행복은 인간관계에 달려 있다.
카네기 멜론 공과대학의 조사에 의하면 성공의 85%는 인간관계에 달려 있으며 보스턴 대학에서 40년 동안에 걸쳐 실시한 조사에 따르면 성공과 출세에 가장 중요한 요소는 '다른 사람과 어울리는 능력'이다. 철학자 키에르케고르는 '행복의 90%는 인간관계에 달려 있다"고 말하였다. 최근 출간된 『행복의 조건』이라는 책에는 하버드 대학의 조사 결과가 실려 있는데, 노년의 행복은

47세 무렵 이전에 형성된 인간관계에 의해 결정되는 것으로 설명하고 있다. 우리가 인생에서 추구하는 성공과 행복은 전적으로 인간관계에 의해 결정된다는 사실을 명심하고 사람을 가장 소중하게 생각해야 한다.

둘째, 사람이 운명이다.

『비범한 삶』이라는 책을 쓴 찰리 존스는 "현재의 내 모습과 1년 후 내 모습의 차이는 1년 동안에 누구를 만나느냐, 그리고 몇 권의 책을 읽느냐에 달려 있다"고 말했다. 사람은 대부분 유유상종을 하기 때문에 비슷한 사람끼리 만나서 비슷한 생각, 비슷한 행동을 하고 비슷한 삶을 살게 된다. 따라서 새로운 변화와 발전을 이루려면 나와는 다른 생각, 다른 행동을 하는 사람을 만나야 한다.

사회학자 솔라 풀은 일련의 조사를 통해 사람이 평생 중요하게 알고 지내는 사람의 숫자가 대략 3,500명 정도에 이른다고 발표하였다. 결국 사람의 인생은 태어나서 죽을 때까지 만나는 3,500명이 어떤 사람이냐에 따라 결정된다. 좋은 관계를 만들고 싶으면 사람이 재산이라는 생각을 넘어 사람이 운명이라는 생각으로 대인관계에 임해야 한다.

셋째, 모든 만남을 일기일회의 마음으로 대하라.

상대성 원리를 발견한 과학자 아인슈타인은 "세상을 보는 데는 두 가지 방법이 있다. 한 가지는 모든 만남을 우연으로 보는 것이고, 다른 한 가지는 모든 만남을 기적으로 보는 것이다."라는 명언을 남겼다. 이 말처럼 우리가 어떤 방법으로 타인과의 만남을 생각하느냐에 따라 대인관계가 달라진다. 우연으로 생각하는 사람은 대수롭지 않게 대할 것이고 기적처럼 생각하는 사람은 최선을 다해 정성껏 대할 것이다.

다도茶道와 불가佛家에서 쓰이는 말 중에 일기일회一期一會라는 사자성어가 있다. '평생 단 한 번의 만남' 또는 '평생 단 한 번의 만남처럼 생각하고 다른 사람을 대하는 마음가짐'을 의미하는데, 성공적인 대인관계를 위해서는 만남을 기적처럼 생각하고 모든 사람을 일기일회의 마음으로 대하는 자세가 중요하다.

오스트리아 철학자 마틴 부버에 의하면 사람들의 대인관계는 '나와 그것' 또는 '나와 당신'의 태도로 구분된다. '나와 그것'은 다른 사람들을 사물이나 풍경처럼 생각하며 피상적인 관계에 머물고 자신을 위해 이용하려 든다. '나와 당신'은 다른 사람들을 자신과 마찬가지 존재로 소중하게 생각하고 사랑과 애정을 주고받으며 진실한 관계를 추구한다. 우리가 어떤 태도를 지니고 있느냐에 따라 인간관계가 본질적으로 달라질 것이다. 일본 야규 가문의 가훈에 '소재小才는 연緣을 만나도 연인 줄 모르고 중재中才는 연을 만나도 연을 살리지 못하고 대재大才는 옷깃을 스치는 인연까지도 살린다'는 말이 있다.

재주가 부족한 사람은 좋은 인연을 만나도 알지 못하고, 재주가 어중간한 사람은 좋은 인연을 만나도 이어가지 못하고, 재주가 뛰어난 사람은 작은 만남도 큰 인연으로 발전시킨다는 뜻이다. 이처럼 좋은 인연이라는 것은 저절로 주어지는 것이 아니라 내가 상대방을 얼마나 소중하게 생각하고 정성을 기울이느냐에 따라 달라진다. 정종현의 시 '모든 순간이 다 꽃봉오리인 것을'에는 다음과 같은 내용이 실려 있다.

> 나는 가끔 후회한다.
> 그때 그 일이
> 노다지였을지도 모르는데…
> 그때 그 사람이
> 그때 그 물건이
> 노다지였을지도 모르는데
>
> (중략)
>
> 모든 순간이 다아
> 꽃봉오리인 것을,
> 내 열심에 따라 피어날
> 꽃봉오리인 것을!

오래 전 방영되었던 인기드라마 '제빵왕 김탁구'에서 김탁구의 스승으로 나오는 팔봉 선생은 "사람보다 소중한 것은 세상에 아무것도 없다"는 유언을 남긴다. 헨리 카이저는 "인간은 저마다 신의 아들이므로 모든 인간이 중요하다는 사실을 잊지 않는다면 자연스럽게 좋은 대인관계를 유지할 수 있을 것이다." 라는 말을 남겼다.

사람들을 내 편으로 만들고 싶으면 그 사람을 노다지처럼, 신의 아들처럼 소중하게 생각하고 일기일회의 마음으로 정성껏 대하라. 좋은 관계는 내 열심에 따라 피어나는 꽃봉오리요 노다지다.

인간관계, 그것이 알고 싶다

사람은 질문하는 만큼 생각할 수 있고 생각하는 만큼 알 수 있다. 인간관계에 대해 정확히 이해하려면 먼저 인간관계에 관한 여러 가지 질문을 던져보고 스스로 정답을 찾으려는 머리품을 팔아야 한다.

내가 인간관계에 대해 알고자 노력했던 질문들은 다음과 같다.

1. 사람과 사람은 어떻게 만나는가?
2. 어떤 사람은 그냥 스쳐 지나가고 어떤 사람은 관계가 유지되는 이유는 무엇인가?
3. 어떤 사람은 그저 아는 사이가 되고 어떤 사람은 친한 사이가 되는 이유는 무엇인가?
4. 처음 만난 사람에게 좋은 인상을 주려면 어떻게 해야 할까?
5. 어떤 사람을 아무 이유 없이 싫어하게 되는 이유는 무엇인가?

6. 어떤 사람은 만나자마자 오랜 친구 같은 감정을 느끼게 되는 이유는 무엇인가?

7. 인간관계는 왜 멀어지거나 끊어지는가?

8. 처음 만난 사람이 먼저 연락을 하게 만들려면 어떻게 해야 할까?

9. 사람이 타인과 인간관계를 맺는 이유는 무엇 때문일까?

10. 말이 통한다는 것은 무엇일까?

11. 코드가 통한다는 것은 무엇일까?

12. 필이 통한다는 것은 무엇일까?

13. 마음이 통한다는 것은 무엇일까?

14. 통하는 사람이 되려면 어떻게 해야 하는가?

15. 친하다는 것은 무엇을 의미하나?

16. 다른 사람과 친해지려면 어떻게 해야 하는가?

17. 마음의 벽, 마음의 문은 무엇인가?

18. 마음의 문을 열려면 어떻게 해야 하는가?

19. 신뢰란 무엇인가?

20. 다른 사람들이 나를 신뢰하게 만들려면 어떻게 해야 하는가?

21. 사이가 멀어진 사람과의 관계를 회복하려면 어떻게 해야 할까?

22. 갈등은 왜 생기는가?

23. 갈등은 어떻게 예방할 수 있나?

24. 갈등은 어떻게 해결할 수 있나?

25. 아내를 내 편으로 만들려면 어떻게 해야 하는가?

26. 아들, 딸과 친해지려면 어떻게 해야 하는가?

27. 직장이나 모임, 단체의 회원들에게 인기 있는 사람이 되려면 어떻게 해야 하는가?

28. 비즈니스로 만난 사람들을 내 편으로 만들려면 어떻게 해야 하는가?

29. 인간관계에 영향을 주는 요소들은 어떤 것들이 있는가?

30. 인간관계는 인연인가, 노력인가, 확률인가?

이외에도 나는 인간관계에 관한 많은 질문들이 궁금했다. 그리고 그러한 고민의 결과로 몇 가지 문제에 대해서는 내 나름대로의 해답을 발견할 수 있었다. 앞으로 이 책을 통해 내가 찾은 정답을 여러분과 함께 검토해 볼 것이다.

그러나 인생에 정답이 없듯이 인간관계에도 완전한 정답은 존재하지 않는다. 그러니 이 책의 내용은 참고로만 생각하고 여러분 스스로 정답을 찾아보기 바란다.

먼저 스스로에게 질문을 던져라. 무엇이 인간관계의 비결인지 스스로 묻고 대답해야 사람들을 내 편으로 만들 수 있는 자신만의 노하우를 발견할 수 있다.

인간관계는 이렇게 발전된다

드라마로 만들어져 폭발적인 인기를 얻었던 소설, 『내 사랑 김 삼순』에 보면 다음과 같은 내용이 나온다.

"2년이 지나면 사람에게서 사랑에 대한 항체가 생긴다는군. 호감이 생길 때는 도파민, 사랑에 빠졌을 때는 페닐에틸아민, 그러다가 그 사람을 껴안고 싶어지고 같이 자고 싶어지면 옥시톡신이라는 호르몬이 분비가 되고, 마침내 엔도르핀이 분비가 되면 서로를 너무 소중히 여겨서 몸과 마음이 충만해진다는 거야.

하지만 그 모든 게 2년 정도가 지나면 항체가 생겨서 바싹바싹 말라버린다구. 그럼 도파민이든 엔도르핀이든 모조리 끝장이고, 아무것도 없이 싫증난 남자와 여자만이 있을 뿐이지."

이 말은 미국 럿거스대 인류학자 헬렌 피셔 교수의 이론을 옮긴 것이다. 피셔 교수는 남녀 간의 사랑을 3단계로 구분하였는데 그의 주장에 따르면 사랑은 "'갈망(lust)'으로 시작해 '홀림(attraction)'을 거쳐 '애착(attachment)'으로 끝난다. 남녀는 각 단계에서 서로 다른 화학물질의 영향을 받는다.

사랑의 첫 단계인 '갈망'은 성적 욕구를 갖는 시기다. 이 시기에 작용하는 것은 뇌하수체 전엽에서 분비되는 남성호르몬인 테스토스테론과 여성호르몬인 에스트로겐이다. 이들은 생식기능과 성적 욕구에 관여한다.

두 번째 단계인 '홀림'은 연인에 대한 생각으로 가득찬 시기다. 페닐에틸아민, 세로토닌, 엔도르핀, 노르에피네프린, 도파민이 왕성하게 분비된다. 페닐에틸아민은 열정적인 사랑의 감정을 자극하는데, 유효기간이 2~3개월 정도에 불과할 정도로 매우 짧다. 노르에피네프린은 육체적인 쾌감을, 도파민은 만족감과 자신감을 주어 사랑을 유지시킨다.

세 번째 단계인 '애착'은 더욱 끈끈한 관계를 맺는 시기다. 이 시기에는 옥시토신과 바소프레신이 관여한다. 옥시토신은 정서적인 친밀감을, 바소프레신은 배려의 마음을, 엔도르핀은 안정감을 갖게 해 준다.

피셔 교수에 의하면 사랑의 단계마다 뇌에서 분비되는 화학 물질이 다르며, 이로 인해 각각의 단계마다 서로 다른 감정을 느끼게 된다. 또한 호르몬이 높게 유지되는 기간은 2년여에 불과하다. 오래된 연인 사이에 열정이 사라지고 무덤덤한 관계로 바뀌는 이 유가 바로 호르몬과 밀접한 관련이 있다는 설명이다. 미국 코넬대 인간행동연구소의 신디아 하잔 교수팀은 2년에 걸쳐 다양한 문화 집단에 속한 남녀 5천 명을 대상으로 인터뷰를 실시했다. 그 결과 남녀 간에 가슴 뛰는 사랑은 평균 18~30개월이면 사라지는 것으 로 나타났다.

인간관계가 이처럼 몇 개의 호르몬에 의해 전적으로 결정된다 고 생각하기는 어렵다. 그러나 사람과 사람이 처음 만나면 일정한 난세를 거쳐 인간관계가 발전되리라는 것은 당연한 생각이다. 따 라서 어떠한 과정을 거쳐 인간관계가 발전되고, 어떤 요소들이 각 각의 단계에 영향을 주는지 알 수 있다면 성공적인 관계를 형성하 는 데 큰 도움이 될 수 있을 것이다. 인간관계의 발전은 크게 5가 지 단계로 구분할 수 있다.

1. 호감(반감) 형성
다른 사람을 처음 만나면 첫인상이 형성되는데, 이때 호감이 형 성되어야 한다. 호감이 형성되지 않으면 인간관계는 단절될 가능 성이 높아진다. 따라서 타인과의 최초 대면 시에는 호감이 형성되 도록 노력해야 하며, 정반대로 반감이 형성되지 않도록 주의해야 한다.

2. 기대감(실망감) 형성

최초 대면 시에 기대감이 형성돼야 인간관계가 발전된다. 기대감은 인간관계를 유지하고 싶게 만드는 심리적 요소다. 관심을 갖게 해 주고, 헤어질 때 다시 만나고 싶은 사람으로 만들어 주는 것이 기대감이다. 호감이 없어도 기대감이 형성되면 인간관계는 유지될 가능성이 높다. 반대로 호감만 있고 기대감이 없으면 인간관계는 단절될 가능성이 높아진다.

3. 공감(이질감) 형성

호감과 기대감이 형성되어 인간관계가 유지된다면 그 다음에는 공감이 형성되어야 한다. 공감은 서로 말, 생각, 감정이 통하는 것이다. 인간관계는 커뮤니케이션 관계이며 커뮤니케이션은 공감형성이 가장 중요하다. 인간관계에서는 내 생각을 알아주는 사람, 내 마음과 통하는 사람이 가장 좋은 인맥이다. 통하지 않으면 답답하고 이질감이 형성된다.

4. 친밀감(거리감) 형성

공감과 함께 친밀감이 형성되어야 인간관계가 심화된다. 친밀감은 가까운 느낌으로, 유대감과 친근감의 복합적인 감정이다. 일반적으로 강화 주기, 스킵십, 호의 제공, 체험의 공유 등을 통해 친밀감이 형성된다.

두 사람 사이에 생각과 경험을 공유하는 시간이 많으면 친밀감 형성에 도움이 된다. 반대로 관심과 접촉이 줄어들면 거리감이 형성된다.

3. 신뢰감(불신감) 형성

인간관계 발전의 마지막 단계는 신뢰감 형성이다. 신뢰감은 상호간에 믿음이 생겨 상대방을 위해 일정한 책임과 역할을 수행하려는 마음이다. 서로에 대한 충분한 이해, 일관된 말과 행동, 현실적인 도움의 제공 등을 통해 신뢰감이 형성, 강화된다. 약속이 지켜지지 않거나 기대했던 사항이 이행되지 않으면 불신감이 형성된다.

이상과 같이 인간관계는 5가지 단계를 거쳐 발전된다. 경우에 따라서는 일부 단계가 생략되거나 순서가 뒤바뀌기도 하고 또 몇 가지 단계가 동시에 복합적으로 형성되기도 한다.

그러나 일반적인 경우 호감-기대감-공감-친밀감-신뢰감의 순서로 발전된다. 따라서 다른 사람을 처음 만나면 호감과 기대감을 형성해야 인간관계가 유지된다. 그다음에는 공감과 친밀감을 형성해야 인간관계가 발전된다. 마지막으로 신뢰감을 형성하면 장기간에 걸쳐 밀접한 관계를 지속할 수 있다.

결국 인간관계는 호감, 기대감, 공감, 친밀감, 신뢰감을 어떻게 잘 형성할 수 있는지에 관한 문제이다. 오감을 잘 형성할 수 있는 사람은 타인을 자신의 편으로 만들 수 있다.

반대로 반감, 실망감, 이질감, 거리감, 불신감을 형성하는 사람
은 다른 사람들과 가까워지기 어렵다.

어떻게 하면 오감을 형성할 수 있는지 각 단계별로 자세히 알아
보자.

CHAPTER 2

호감

첫사랑보다 강력한 인상을 남겨라

첫인상은 어떻게 형성되나?

조찬모임에 참석했다. 같은 테이블에 앉은 사람들과 명함을 교환하고 인사를 나누었다. 곧바로 특강이 시작되었고 끝난 후에는 바쁜 일정 때문에 별다른 대화를 나누지 못한 채 헤어졌다. 모두 8명이었는데 그중에서 2명은 호감이 갔고, 5명에게는 관심이 없었고, 1명은 공연히 마음에 들지 않았다. 왜 그랬을까?

티브스란 학자에 의하면 사람의 첫인상은 우애감(호감), 적대감(반감), 무관심의 3가지 중 하나가 즉각적으로 형성된다고 한다. 따라서 다른 사람을 처음 만났을 때 나의 첫인상이 적대감(반감)이나 무관심이 아닌 우애감(호감)으로 형성되도록 노력할 필요가 있다.

흔히 첫인상에 영향을 주는 요소는 외모 80%, 말하는 내용 13%, 인격이나 인품 7%로 알려져 있다. 이 조사가 말하는 것은 인격이나 인품이 외모에 비해 덜 중요하다는 의미가 아니다. 다만 최초 대면 시 우리가 접하는 정보의 순서에 대해 다시 한번 생각해 볼 필요가 있다.

흔히 사람의 정서는 별도로 존재하는 것이 아니라 감각기관을 통해 지각한 것을 어떻게 사고하느냐에 따라 형성되는 것으로 알려져 있다. 일반적으로 다른 사람을 처음 만났을 때 우리가 지각하는 감각은 시각-청각-촉각-후각-미각의 순서로 이뤄진다. 상대방의 외모나 표정을 보고, 목소리를 듣고, 악수를 하고, 상대방의 체취를 맡게 된다.

이 과정에서 각각의 감각기관이 어떻게 지각하느냐가 첫인상을 좌우한다. 따라서 첫인상을 좋게 하려면 5가지 감각기관 별로 좋은 느낌을 주면 된다.

시각적으로 좋은 느낌은 외모, 용모, 복장에 관련된다. 잘생기고 예쁜 얼굴도 좋지만 밝은 표정, 환한 미소는 좋은 느낌을 준다. 깔끔하고 세련된 복장, 헤어 스타일, 패션은 좋은 느낌을 준다. 예쁜 꽃 한 송이도 좋은 느낌을 줄 수 있다. 표정 중에서 가장 중요한 것은 눈빛이다. 한 조사 결과에 의하면 사람은 90초에서 4분 정도의 시간이면 다른 사람에게 반할 수 있는데, 가장 영향을 미치는 것이 눈맞춤이라고 한다.

청각적으로 좋은 느낌은 보이스에 관련된다. 말을 할 때는 차분하고 안정적인 톤으로 명료하게 발성하는 것이 좋다. 밝고 경쾌한 목소리, 정감 어린 목소리가 바람직하다. 너무 갈라진 목소리, 탁한 목소리, 큰 목소리, 지나치게 빠른 목소리, 억센 목소리, 희미하고 불분명한 발음 등은 좋은 느낌을 주기 어렵다. 전화를 통해 최초 대면이 이루어질 경우 첫인상은 보이스에 의해 결정된다. 휴대폰 컬러링으로 어떤 음악을 사용하느냐에 따라서 첫인상이 달라지기도 한다.

촉각적으로 좋은 느낌은 악수에서 나타난다. 따뜻한 손, 부드러운 손, 적당한 악력은 좋은 느낌을 준다. 축축한 손, 차가운 손, 힘없는 악수 등은 좋지 못한 느낌을 주게 된다.

후각적으로 좋은 느낌은 향수, 화장품, 헤어 샴푸 등에서 나타날 수 있다. 체취나 땀 냄새가 심하면 불쾌한 느낌을 주게 된다. 남녀는 주로 자신과 다른 타입의 사람에게 끌린다. 이것은 MHC(주요조직 적합 유전자 복합체)라는 면역체계 단백질 때문이다. 여성들에게 남성들이 며칠간 입은 티셔츠의 냄새를 맡게 한 결과 자신과 다른 MHC 유전자를 가지고 있는 남성의 것을 좋다고 평가하는 경우가 많았다고 한다.

일부 학자들은 이성간 매력 요소의 하나로 페로몬을 제기한다. 동물들에게 동종同種과 이성異性을 찾아 생식을 가능하게 하는 페로몬이 사람에게서도 발견된다는 것이다. 콧속의 '서골코기관'이라는 곳에서 페로몬을 감지하면 무의식적으로 성적 본능이 자극되고 특정한 이성에게 매우 끌린다는 느낌을 받게 된다. 그 느낌이 바로 '호감'이라는 기억으로 남게 된다는 이론이다.

미각적으로 좋은 느낌은 사탕, 껌, 초콜릿, 커피, 차, 음료, 맛있는 음식 등에서 나타날 수 있다. 다른 사람을 처음 만났을 때 미각적으로 좋은 느낌을 형성하는 음식물은 호감 형성에 긍정적인 영향을 끼칠 수 있다. 초콜릿을 먹으면 사랑의 호르몬이라고 불리는 페닐에틸아민이 충만해지고 뇌하수체에 옥시토신이 분비되어 호감 형성에 도움이 된다.

이외에도 감각기관 별로 좋은 느낌을 줄 수 있는 요소들은 매우 다양하다. 그리고 이러한 사항들은 모든 관계에 공통적으로 적용된다. 식당에 찾아온 손님들의 첫인상도 5가지 감각기관을 통해 형성되며, 기업을 방문한 고객의 첫인상도 5가지 감각기관을 통해 만들어진다. 따라서 첫인상을 좋게 하려면 5가지 감각기관 별로 좋은 느낌을 주면 된다.

이성의 마음을 쉽게 사로잡는 '작업의 선수'들은 어떻게 호감을 형성할까? 세련된 복장과 깔끔한 헤어 스타일은 기본이다. 여성을 만날 장소는 최고급 레스토랑을 이용한다. 멋진 인테리어(시각), 잔잔하게 들려오는 고전음악(청각), 푹신한 소파(촉각), 은근하게 퍼지는 향기(후각), 맛있는 음식(미각, 후각), 향긋한 와인(미각, 후각) 등이 5가지 감각을 동시에 충족시켜 준다.

선수들은 보통 이성을 만나기 전에 화장실에 들른다. 거울을 보고 옷매무새와 헤어 스타일(시각)을 가다듬고 향수(후각)를 한두 방울 뿌리고 따뜻한 물로 손(촉각)을 씻어 악수할 때 손의 느낌을 따뜻하게 한다. 꽃(시각, 후각)을 선물하거나 초콜릿, 캔디(후각, 미각)를 건네기도 한다.

목소리는 베이스 톤에 가까운 저음(청각)으로 평상시보다 천천히 발성한다.

물론 지금까지 말한 사항에 의해서만 호감이 형성되는 것은 아니다. 인간관계에서는 능력, 성품, 성격 등의 요소도 호감 형성에 많은 영향을 미친다. 그러나 최초 대면 시의 짧은 순간에는 5가지 감각기관을 통해 대부분의 첫인상이 형성된다는 점을 주목해야 한다.

자신의 모습을 5가지 감각기관 별로 점검해보라. 시각적으로 좋은 느낌을 주고 있는지, 청각, 촉각, 후각, 미각적으로 좋은 느낌을 주고 있는 요소가 무엇이 있는지 점검해 보고 어떻게 하면 좋은 느낌을 줄 수 있는지 노력해보자.

반가움의 표현

얼마 전 일이다. 강의가 있어 인천상공회의소 건물에 들어서는데 저 만큼에서 어떤 분이 성큼성큼 내게로 다가온다. 인사를 나누고 보니 서구포럼 회장인 ㈜카이텍 박정상 대표였다. 얼마 전 사고가 있어 목발을 짚고 있었음에도 직접 안내와 소개를 맡아 주었다.

지금까지 수많은 곳에 교육을 나가봤지만 이 분처럼 반갑게 강사를 맞아 주는 분을 본 적이 없다. 나를 반갑게 맞이해 주니 저절로 깊은 호감이 생겨났다.

호감의 형성은 크게 3가지 단계로 나눌 수 있다.

1초 미만의 짧은 순간에 즉각적으로 형성되는 호감, 상호간에 커뮤니케이션이 이뤄지며 형성되는 호감, 일반적인 인간관계에서 형성되는 호감으로 구분할 수 있다. 여기서는 짧은 순간에 즉각적으로 형성되는 호감에 대해 알아보자.

아래 질문을 보고 가장 호감이 형성된다고 생각되는 항목을 찾아보자.

1. 옆집에 놀러 갔다. 예쁜 애완견이 나를 보고

가) 꼬리를 흔든다.

나) 사납게 짖는다.

2. 식당에 점심을 먹으러 들어갔다. 주인이나 종업원이…

가) 반갑게 인사를 한다.

나) 메뉴판과 물을 가지고 와서 주문을 받는다.

다) 손님이 온 줄도 모르고 잡담을 한다.

3. 동창회에 나갔다. 문을 열고 들어서니 먼저 와 있던 친구들이

가) 반가운 표정으로 손을 번쩍 든다.

나) 힐끗 눈을 마주치고 무관심한 표정으로 고개를 돌린다.

다) 기분 나쁜 표정으로 노려본다.

4. 대학교에 강의를 갔다. 200석 규모의 강당이 텅 비어 있는데 학생들이 들어오더니…

가) 나를 쳐다보지도 않고 제일 뒤쪽으로 가더니 자리에 앉자마자 졸기 시작한다.

나) 중간쯤에 앉더니 다리를 꼬고 팔짱을 끼고 몸을 뒤로 젖

힌다.

다) 밝은 표정으로 인사를 하고 제일 앞자리에 앉아 수업 준비를 한다.

5. 퇴근을 하여 집에 도착했다. 대문 초인종을 누르니 초등학생 딸이

가) 얼른 뛰어나와 문을 열어주며 큰 목소리로 인사하고 품에 안긴다.

나) 문만 열어주고 바로 제 방으로 뛰어가 컴퓨터게임을 한다.

다) 닌텐도게임에 빠져 5분 뒤에야 문을 열어 준다

6. 아침에 직장에 출근했다. 직장 동료들이 나를 보고

가) 반가운 표정으로 인사한다.

나) 멀뚱멀뚱 쳐다만 본다.

다) 벌레 씹은 표정으로 쳐다본다.

7. 가전제품을 사러 대리점에 들어가려는데 문 안쪽에 있던 점원이

가) 성큼성큼 걸어와서 문을 열어주고 공손하게 허리를 숙여 인사한다.

나) 문을 열어주지 않고 뻣뻣하게 서 있다가 형식적으로 느껴지는 인사를 한다.

굳이 정답을 말하지 않아도 어떤 것이 가장 올바른 행동인지 쉽게 고를 수 있을 것이다.

처음 만난 사람에게 호감을 형성하는 가장 좋은 방법은 반갑게 만나는 것이다. 최초 대면 시의 짧은 순간에는 대부분 시각적 지각에 의해 첫인상이 형성되는데, 가장 중요한 것은 표정과 몸짓이다. 내가 상대방을 어떤 표정과 몸짓(태도, 자세)으로 대하느냐에 따라 상대방의 인상이 달라진다. 반갑게 대하면 좋은 인상이 형성되고 무관심하거나 무시하면 좋지 않은 인상이 형성된다.

다른 사람을 처음 만났을 때 반갑게 대하라. 반가운 사람을 만나면 눈이 커지면서 눈꼬리가 올라가고, 목소리가 커지면서 감탄사가 나오고, 몸동작이 커지면서 악수를 하거나 포옹을 할 때 힘이 들어간다.

얼마 전 개인회사를 운영하는 G 대표를 길에서 우연히 만났다. 나와는 친분이 없는 사람인데도 유난히 반갑다는 듯 과장된 말과 행동을 보인다. 실제로 반가워서 그런다기보다는 겉으로만 반가운 척하는 느낌이 들어 기분이 그다지 좋아지지는 않았다.

반갑게 만나라는 것은 반가운 척하라는 뜻이 아니다. 다른 사람을 나와 똑같이 소중하게 생각하고 최선을 다해 정성껏 만나는 마음이라야 한다. 다른 사람을 반갑게 대하는 것, 그것이 호감을 형성하는 첫 번째 비결이다.

호감 어린 눈빛

눈은 보디랭귀지에서 가장 중요한 역할을 담당한다. 학자들의 조사에 의하면 사람은 70% 이상의 정보를 눈을 통해 수집한다. 우리는 다른 사람을 만나면 눈빛을 보고 첫인상을 평가하고, 대화 중에는 눈빛을 살펴보며 상대방의 생각과 감정을 헤아린다. 또한 상대방의 말이 진심인지 거짓인지, 나에게 호의를 갖고 있는지, 아니면 적의를 품고 있는지를 모두 눈빛을 통해 이해한다.

심지어 태어난 지 이틀밖에 안 된 신생아도 상대방이 자신을 똑바로 쳐다보면 이를 알아챈다는 연구결과도 있다. 영국-이탈리아 공동 연구팀은 생후 2, 5일의 신생아에게 시선을 피한 얼굴 사진과 직시하는 다른 얼굴 사진을 신생아들에게 보여주었다. 그 결과 각기 다른 반응이 나타났는데 신생아들은 눈맞춤을 할 수 있는 직시 얼굴 사진을 다른 얼굴 사진보다 더 오래 보았고, 시선도 똑바로 앞을 향했다고 한다.

이처럼 눈맞춤과 시선은 대인관계에서 중요한 역할을 차지한다. 따라서 우리는 다른 사람을 대할 때 최대한 눈빛에 주의를 기울여 호감 어린, 또는 사랑스런 시선으로 바라봐야 한다. 그러나 대다수의 사람들은 다른 사람을 무표정한 눈빛으로 바라보는데 이는 상대방에게 무관심하거나 무시한다는 인상을 주게 되고 좋은 관계를 가로막게 된다.

밝은 표정, 미소를 지을 때는 반드시 눈이 함께 웃어야 한다. 입은 웃는데, 눈은 웃지 않으면 가식적인 표정이 되기 쉽다. 따라서 억지 미소를 만들려고 애쓰기 전에 상대방에 대한 호감을 눈빛으로 전달하는 것이 중요하다.

남녀가 이성을 유혹하기 위해 취하는 행동들에 대한 학자들의 연구결과에 의하면, 여성은 매력적으로 보이기 위해 목선을 드러내고 환하게 웃으며 1분 이상 눈맞춤을 지속한다. 반면 남성은 유머를 구사하려고 노력하며 눈맞춤을 지속하고, 자연스럽게 스킨십을 유도하려고 노력한다.

여기서 남녀 모두에게 공통적으로 해당되는 것은 상대방에 대한 눈맞춤이다. 어떤 눈빛이었을까? 두 말할 것도 없이 상대방에 대한 호감 어린, 애정 어린 시선을 보내는 것이다. 사회심리학자 아가일의 실험에 의하면 호의를 가진 사람과 멀리 떨어져 있으면 상대방에게 시선을 보내는 시간이 늘어난다고 한다. 즉 가까운 거리에서는 말이나 몸짓 등 여러 가지 방법으로 호의를 전달할 수 있지만 멀리 떨어져 있으면 마땅한 방법이 없기 때문에 의식적 또는 무의식적으로 상대방에게 시선을 많이 보내게 된다는 것이다.

미국 심리학자 자크 루빈 교수는 '루빈의 저울'이라는 것을 최초로 만들었다. 대화를 하는 동안 얼마나 오랫동안 서로의 눈을 쳐다보는지 시간을 측정해보면, 사랑하는 정도를 객관적으로 확인할 수 있다는 것이다.

루빈 교수는 몰래카메라를 설치해놓고 연인들이 설문조사를 기다리며 대화를 나누는 동안 얼마나 눈을 맞추고 있는지를 측정하였다. 그 결과 오랫동안 눈을 쳐다보는 커플일수록 애정 설문에서 높은 수치가 나오는 것으로 알려졌다.

1989년 미국의 심리학자 캘러먼과 루이스 박사는 생면부지의 남녀 48명을 큰 실험실에 들어오게 한 뒤 그중 한 그룹에게는 상대방의 눈을 2분 동안 보도록 지시하고, 다른 한 그룹에게는 특별한 지시를 하지 않았다. 이 연구에 따르면, 2분 동안 낯선 상대의 눈을 바라본 남녀는 '실험 후 서로에 대해 호감이 늘었다'고 대답했다.

에크하르트 헤스 박사의 실험결과는 더욱 충격적이다. 똑같이 인쇄한 두 장의 매혹적인 젊은 영국 여성의 사진을 남자들에게 보여주되, 한쪽 사진만 연필로 눈동자가 좀 더 커 보이도록 조작했다. '이 두 장의 여자 사진 중에서 어느 쪽이 더 마음에 드냐'는 질문에, 남성들이 선택한 것은 한결같이 동공이 크게 팽창된 여자의 사진이었다.

실험결과에서 알 수 있듯이 눈맞춤은 상대방에 대한 호감을 전달하는 방법인 동시에 상대방의 마음을 사로잡는 도구로 많이 사용된다. 따라서 누군가와 좋은 관계를 형성하고 싶을 때는 상대방에게 호감 어린, 또는 사랑스러운 눈빛을 많이 보내야 친밀한 인간관계를 형성할 수 있다.

다른 사람을 바라볼 때는 절친한 친구를 대하는 것처럼 우정 어린 눈빛으로 바라보라. 또는 사랑에 빠진 연인들처럼 애정 어린 시선으로 바라보라.

물론 솔직히 이는 쉽지 않은 일이다. 왜냐하면 사람은 자기 자신에게만 애정이 있고 다른 사람들에게는 애정을 갖고 있지 못하기 때문이다. 물론 개인적인 호감이나 애정을 품고 있는 사람에게는 굳이 누가 시키지 않더라도 저절로 따뜻한 눈빛으로 바라보게 된다. 그러나 특별한 감정이 없는 사람들에게는 차가운 또는 무관심한 눈빛으로 바라보는 게 일반적인 현상이다.

따라서 우리는 항상 다른 사람을 호의적인 눈빛으로 바라보려는 노력이 필요하다.

미국의 여성 기업인 메리 케이 애쉬는 남자들의 절반밖에 되지 않는 연봉을 받으면서 25년 동안 직장생활을 했지만 부하 직원이 먼저 승진하자 사표를 내고 나와 5천 달러의 자본금으로 메리케이 회사를 설립하였다. 지금 메리케이는 전 세계 30여 개국에서 170만 명의 뷰티 컨설턴트가 활동하는 세계적인 화장품기업으로 성장하였다.

회장이 되고 난 후 메리 케이는 다음과 같은 말을 남겼다.

"나는 직원들을 만날 때마다 그들의 가슴에 '나는 존중받고 싶다.' 라고 쓰인 목걸이를 차고 있다고 생각하고 그들을 대한다."

인간관계에서는 메리 케이가 보여준 철학과 방법을 그대로 활용하면 좋은 결과를 얻을 수 있다. 즉 다른 사람을 만날 때마다 모든 사람의 가슴에 '나는 존중받고 싶다.' '나는 관심 받고 싶다'는 목걸이가 걸려 있다고 생각하고 그들을 대하는 것이다.

지금부터 사람들을 만날 때면 그들의 가슴에 다음과 같은 목걸이가 걸려 있다고 생각하라.

"나는 당신에게 호감 어린 눈빛을 받고 싶다."

호감을 표현하는 말

세상에는 눈치 100단인 사람도 있지만 반대로 둔치 100단인 사람도 많다. 이런 사오정 같은 사람들은 호감 어린 눈빛을 아무리 보내도 전혀 알아차리지 못하기 마련이다. 게다가 사람은 원래 말로 확인하는 것을 좋아하며 특히, 여성의 경우에는 청각에 더욱 예민하게 반응한다. 따라서 누군가와 좋은 관계를 만들려면 적극적으로 호감을 말로 표현해야 한다. "표현하지 않는 사랑은 사랑이 아니다." 라는 말도 있듯이 부모 자식은 물론 친구나 연인 사이에도 호감을 말로 표현하는 것은 반드시 필요한 일이다. 특히 직장이나 사회에서 새로운 사람들과 인간관계가 시작되면 상대방에 대한 호감을 적극적으로 표현해 주는 것이 바람직하다.

한번은 아이돌 그룹 빅뱅의 멤버인 대성이 방송에서 자신의 짝사랑 경험을 털어놓은 적이 있다.

"초등학생 때부터 중학생 때까지 짝사랑했던 여학생이 있었다.

너무나 좋아했지만 차마 고백할 용기가 없었다. 6년을 참다 마침내 큰 용기를 내 고백하기로 결심하였다. 그렇지만 직접 말할 자신이 없어 치밀한 계획을 세워 속마음을 전하려고 준비를 했다. 그리고 마침내 운동장에서 축구를 하던 도중 독특한 방법으로 그 여학생에게 사랑을 고백하였다. 그러나 워낙 은밀한 고백이었던 탓에 그 여학생은 고백을 알아채지 못했다. 할 수 없이 다음 날 똑같은 방법으로 다시 한번 고백을 하였다. 운동장에서 축구를 하던 중 공을 몰고 빠르게 지나가면서 '나 너 좋아해.' 라고 말하는 것이었다. 그녀는 나를 쳐다보더니 '바보'라고 말했다."

대성의 고백은 조금 싱거운 결과로 끝났지만 최소한 입 밖으로 표현했기 때문에 자신의 사랑을 알릴 수 있었다. 그리고 조금만 표현 방법을 달리했더라면 더욱 친밀한 관계로 발전했을지도 모르는 일이다. 남녀간의 사랑뿐만이 아니라 세상의 모든 인간관계가 마찬가지다. 대부분의 사람들은 호감을 표현하지 않거나, 적절치 못한 방법으로 서툴게 표현한다. 그렇게 되면 좋은 관계로 발전하기 어렵다. 호감은 적극적으로 표현하되 상대방과 상황에 적합한 방법으로 보여줘야 한다.

내가 운영하는 인터넷 카페에서 소모임 회장을 맡고 있는 김블라시오 마음경영연구소장은 그야말로 애정 표현의 달인이다. 30년이 넘는 세월을 직업군인으로 복무했는데도 무뚝뚝한 말이나 행동은 일체 찾아보기 어렵다. 항상 만나는 사람들을 살갑게 대하며 상대방에 대한 호감을 스스럼없이 표현한다. 며칠 전 소모임 운영 방향에 대한 문제로 통화를 하게 되었다. 이런저런 생각을 주고받는데 한두 가지 의견이 맞지 않는 사항이 생겼다. 잠깐 더 대화를 나누다가 결국 김 소장의 말 한마디에 모든 것을 믿고 그의 결정에 따르기로 하였다.

"제가 얼마나 소장님을 좋아하는지 아시죠? 저는 정말로 소장님을 좋아합니다. 소장님도 저를 좋아하시죠?"

보통 사람 같으면 입 밖으로 표현하기도 쑥스럽고, 물어보기도 어색한 질문이었을 텐데 너무나 자연스럽게 호감을 표현한다. 상대방이 그렇게 행동하니 나 또한 자연스럽게 대답이 흘러나온다.

"엄청 좋아합니다. 저 또한 김 소장님 팬이에요."

아마도 김 소장의 호감 표현이 아니었다면 서로 의견 차이를 좁히는 데 적잖은 시간이 소요되었을 것이다. 그렇지만 사소한 호감 표현 한마디로 인해 그냥 모든 것을 믿고 따르기로 결론이 난 것이다.

이처럼 상대방에 대한 호감 표현은 인간관계를 친밀하게 만들어 줄 뿐만 아니라 신뢰감을 증진시켜 주기도 한다. 사람은 자신을 좋아하는 사람을 좋아한다는 사실을 잊지 말고 지속적이고 반복적으로 상대방에 대한 호감을 표현해야 친밀한 관계가 형성된다. 호감 표현은 다음과 같은 방법으로 하는 것이 바람직하다.

1. 적극적으로 표현하라.

『지금 사랑하지 않는 자, 유죄』라는 책 제목처럼 다른 사람에게 호감을 표현하지 않는 것도 인간관계에 있어 유죄라고 생각할 수 있다. 버나드 쇼는 "사람에 대한 가장 큰 죄는 무관심"이라고 말했다.

누군가와 좋은 관계를 유지하고 싶으면 적극적으로 호감을 표현하라.

2. 반복해서 표현하라.

고슴도치도 자주 놀아주지 않으면 곧 주인을 잊어버리듯이 호감 표현도 자꾸 반복하지 않으면 내가 호감을 가지고 있다는 사실을 잊어버리게 된다. 따라서 지속적, 반복적으로 호감 표현을 반복해야 한다.

3. 단계적으로 표현하라.

호감은 상대방과의 친밀도에 따라 적절한 수준으로 표현해야 한다. 처음 보는 사람에게 만나자마자 '좋아한다.' 또는 '사랑한다'는 말로 호감을 표현하면 오히려 역효과를 불러올 수도 있다. 따라서 처음에는 관심 어린 질문을 자주 건네 호감을 나타내고, 다음에는 칭찬이나 감사, 격려의 말로써 호감을 전달하며, 마지막으로 어느 정도 친밀한 단계에 이르렀을 때 직접적인 감정을 표현하는 것이 바람직하다.

인간관계는 어디까지나 상호성이다. 내가 상대방을 좋아하면 상대방도 나를 좋아하고 내가 상대방을 싫어하면 상대방도 나를 싫어하기 마련이다. 따라서 좋은 인맥, 좋은 인간관계를 형성하고 싶으면 내가 먼저 상대방에게 호감을 가져야 한다. 특히 사회에서 다른 사람을 처음 만났을 때는 상대방에 대한 호감을 적극적으로 표현하느냐, 안 하느냐에 따라 인간관계의 깊이와 속도가 달라진다. 강의를 나가 교육생 또는 담당 직원과 인사를 나눠보면 다음과 같은 두 가지 유형의 대화를 듣게 된다. 어느 쪽 사람에게 더 강한 호감이 형성될 것이라고 생각하는가?

> A : 소장님, 정말 반갑습니다. 이렇게 직접 뵈니 얼마나 기쁘고 영광인지 모르겠습니다. 소장님 명함 한 장 얻을 수 있겠습니까?
> B : 안녕하세요. 명함 한 장만 주세요.

당연히 첫 번째 사람에게 더 강한 호감이 형성된다. 그 이유는 두말할 것 없이 나에게 호감을 표현해 주었기 때문이다. 물론 두 번째 사람도 마음속으로는 나에게 호감을 갖고 있었는지도 모른다. 그러나 신이 아닌 이상 내가 그것을 어떻게 알겠는가? 표현하지 않는 사랑은 사랑이 아니듯이 표현하지 않는 호감은 호감이 아니다. 지금부터라도 인간관계의 상호성을 명심하고 다른 사람에게 적극적으로 호감을 표현해 보라. 호감을 표현할 때는 목소리에도 주의를 기울여야 한다.

매러비언 교수의 실험에 의하면 커뮤니케이션에 영향을 주는 요소의 38%는 보이스에 달려 있는 것으로 알려졌다. 똑같은 말이라도 어떤 목소리로 표현하느냐에 따라 호감 어린 목소리가 되기도 하고 반감을 형성하기도 한다. 호감을 표현할 때는 퉁명스러운 목소리가 아니라 정감 넘치는 목소리로 호감을 전달하라. 여성의 경우 애교 섞인 비음을 어떻게 활용하느냐에 따라 호감도가 달라진다. "사랑해, 좋아해, 소중해, 대단해, 감사해, 이해해, 함께해, 행복해." 같은 말은 호감을 표현하는 가장 직접적인 단어들이다. 상대방과 상황에 따라 적극적으로 사용해 보라.

기분 좋은 만남이 되라

경희대학교 학보사로부터 취재 요청이 있어 강남역에 있는 사무실에서 인터뷰를 하였다. 3학년에 재학 중인 법대생이 찾아왔는데, 인터뷰 내내 딱딱하게 굳은 표정이다. 분위기를 좀 더 부드럽게 풀어주기 위해 농담도 건네고, 몇 마디 칭찬도 해 주고, 후배라는 편한 마음으로 말을 낮췄더니 끝날 무렵에는 제법 여유가 있어 보였다.

"인터뷰를 하면서 불편하지는 않았니?"

"아뇨. 처음에는 조금 긴장했는데 선배님이 편하게 대해 주셔서 저도 금세 편안해졌어요."

호감의 두 번째 단계는 커뮤니케이션 과정에서 형성된다. 짧은 순간의 표정과 몸짓이 첫인상을 좌우하지만 인간관계는 여기서 끝나는 것이 아니기 때문에 첫인상은 여러 가지 요소에 의해 계속 바뀌게 된다. 호감을 형성하려면 무엇보다 기분 좋은 만남을 만들면 된다. 대인관계에서 기분 좋은 만남이 되려면 긍정적 정서가 형성되어야 하는데, 긍정적 정서는 크게 3가지를 들 수 있다.

1. 기쁨과 즐거움

다른 사람을 만났을 때 그 사람과 함께 있는 순간이 기쁘거나 즐거우면 좋은 감정, 호감이 형성된다. 재미있는 사람, 유머가 있는 사람, 특별한 재주가 있는 사람, 맛있는 음식을 대접하거나 볼거리를 제공해 주는 사람, 유익한 정보를 알려주는 사람 등이 여기에 해당된다.

다른 사람과 함께 있을 때는 어떻게 해야 상대방을 기쁘고 즐겁게 해 줄 수 있는지 고민해야 한다. 처음 만난 사람에게 선물을 주는 것도 좋은 방법인데 내 경우에도 처음 만난 사람에게 책을 선물하는 경우가 많다.

L 원장 : 행운의 달러라고 불리는 2달러 지폐를 만나는 사람에게 나눠준다.

N 대표 : 다른 사람을 만나면 차, 식사를 대접한다.

K 소장 : 재미있는 유머를 많이 외워서 대화할 때 사용한다.

J 차장 : 신기한 이야기, 유익한 생활정보를 알려준다.

A 과장 : 동전과 카드를 이용한 마술로 사람들을 즐겁게 만들어 준다.

C 영업사원 : 연미복에 나비넥타이를 매고 다닌다. 사람들이 신

기하고 재밌어 한다.

2. 자긍심과 만족감

상대방을 통해 자신의 존재감에 대한 가치를 느끼면 자긍심과 만족감이 충족되면서 호감이 형성된다. 칭찬이나 인정, 지지, 호감의 표현 등이 여기에 해당된다. 사회에서는 칭찬이 가장 대표적으로 많이 활용되는 방법이다. 나는 처음 만난 여성과 악수를 할 때 "마음에 드는 이상형과는 악수를 오래 합니다." 또는 "미인과는 오래 악수합니다." 라는 인사말을 건네곤 한다.

오래전 일이다. 어떤 스터디모임의 창립모임을 주관하게 되었다. 참석자들이 순서대로 돌아가며 자기소개를 하는데 대부분 내용이 서로 비슷하여 별다른 흥미를 느끼지 못하였다. 지루한 마음이 들어 머릿속으로 다른 생각을 하고 있는데 갑자기 한 여성의 자기소개를 들으며 강력한 관심과 호감이 형성되기 시작했다. 어떤 내용이었을까?

사실 특별한 내용은 없었다. 그렇지만 이 말을 듣고부터 나는 그 여성이 참석자 중에서 가장 소중하고 특별한 사람처럼 생각되기 시작했다.

"제가 이 모임에 참석하게 된 계기는 양광모 소장님처럼 향기나는 분과 함께 하고 싶어서 나오게 됐습니다. 앞으로 잘 부탁드립니다."

내가 운영하는 인터넷 카페에 새로 가입한 여성 회원이 고민을 상담하고 싶다는 메일을 보내왔다. 며칠 후 약속 장소로 나가 보니 이미 도착해 있었다. 그다지 호감 가는 스타일이 아니었기에 빨리 용건만 마치고 자리에서 일어서야겠다는 마음이 들었다. 명함을 교환하고 자리에 앉으려고 하는데 무언가 머뭇거리더니 내게 말을 건넨다. 그리고 나는 그 여성에게 강한 호감이 형성되기 시작했다. 어떤 말이었을까?

"소장님. 혹시 제가 한 번만 안아보면 안 될까요? 정말로 너무 너무 반가워서 그래요."

인간관계는 상호성이 중요하게 작용한다. 사람은 누구나 자신을 좋아하는 사람에게 호감을 갖기 마련이다. 다른 사람을 처음 만났을 때는 상대방에 대한 호감과 관심을 적극적으로 표현하라.

3. 안도감

처음 만난 사람에게 경계심을 느끼거나 함께 대화하는 것이 불편하게 느껴지면 마음속에 불안감이 형성되고 좋은 인상을 갖지 못하게 된다. 따라서 나와 함께 있는 동안에는 상대방이 안도감을 느낄 수 있도록 노력해야 한다. 편안하고 진솔한 자세로 상대방을 대하고, '망가진다'는 표현처럼 인간적인 약점이나 결점을 있는 그대로 보여주며 내가 보통 사람임을 알려 주는 것이 안도감 형성에 도움이 된다. 나는 처음 만난 사람에게 자기소개를 할 때 "사람들이 저를 보면 마음까지 밝아진다고 합니다. 보시다시피 제가 빛 나리거든요."라고 말함으로써 경계심을 허물고 편안한 마음이 들 도록 노력한다.

안도감이 형성되려면 자연스러운 대화가 필수적이다. 처음 만 난 사람과 대화할 때는 편안한 대화가 이뤄지도록 적극적인 노력 을 기울여야 한다. 내 쪽에서 먼저 소소한 이야기(Small Talk)를 털 어놓고, 상대방이 부담을 가질 만한 주제는 피하고, 적절한 질문 과 경청, 맞장구를 통해 대화를 이끌어야 한다. 특히 보험, 자동차 영업, 네트워크사업 등에 종사하는 사람들은 다른 사람들의 경계 심, 부담감을 풀기 위한 노력을 많이 기울여야 한다.

방송인 조영남이 "인간복덕방"이라는 제목으로 언론에 소개된 적이 있다. 신문기사를 살펴보면 다음과 같은 내용이 실려 있다.

"지인들이 꼽는 그의 장점은 다양하다. ▶남의 말을 잘 들어주 고 ▶청탁을 하지 않으며 ▶사람을 편안하게 만들고 ▶돈은 반드 시 조영남 본인이 내며 ▶정치·미술·종교 등에 해박한 지식을 자랑한다는 것 등이다. 특히 상대를 편안하게 해 주는 능력은 타 의 추종을 불허한다."

대부분 우리가 지금까지 말한 내용들인데 이 중에서 "다른 사람 을 편안하게 해 주는 능력"이 바로 안도감을 형성할 수 있는 능력 이다. 조영남처럼 상대를 편안하게 해 줄 수 있어야 최초 대면 시

호감을 형성할 수 있다.

　다른 사람을 만날 때는 기분 좋은 만남이 되도록 노력해야 한다. 유쾌한 만남은 호감을 형성하고 불쾌한 만남은 반감을 형성한다. 누군가와 함께 있을 때는 상대방을 즐겁게 해 주고, 자긍심을 충족시켜 주고, 불안함이나 불편함이 없이 편안한 느낌을 갖도록 만들어 보자.

일곱 가지 짱이 되라

이천 청강문화산업대학교에 '리더십과 인간관계'를 주제로 1학기 동안 강의를 하였다. 종강 후에 출석부, 시험답안지, 과제물 등을 가지고 학점을 매기는데 학생들에게 느껴지는 호감도가 천차만별이다. 객관적으로 성적을 주려고 노력하지만 판단이 애매모호한 경우에는 호감, 비호감에 따라 조금씩 평가가 달라진다. 무슨 이유로 어떤 학생에게는 호감이 생겼고, 어떤 학생은 비호감으로 느껴지게 된 것일까?

사회에서 호감 가는 사람들을 유형별로 정리해 보면 7가지로 구분할 수 있다. 이것은 다른 의미로 매력 포인트라고 말할 수 있다. 나만의 매력 포인트가 있어야 호감 가는 사람, 끌리는 사람이 될 수 있다. 나는 어떤 매력 포인트가 있는지 생각해 보고 가급적 많은 매력 포인트를 갖출 수 있도록 노력해야 다른 사람들에게 호감을 형성할 수 있다.

1. 얼짱

얼짱은 잘생기거나 예쁜 얼굴만을 의미하지는 않는다. 밝은 표정, 환한 미소가 가장 좋은 얼짱이다. 지하철을 타거나 길거리를 지나며 살펴보면 대다수의 사람들은 무표정, 지친 표정, 화난 표정을 짓고 있다. 이런 표정은 호감을 얻지 못한다. 밝은 미소로 웃음 띤 표정을 짓는 사람만이 호감을 형성할 수 있다. 얼짱이 되려면 무엇보다 긍정적인 마인드를 가져야 한다. 마음으로 웃지 않고 입으로만 웃으면 가식이 되기 때문에, 웃는 표정을 연습하는 것과 동시에 긍정적인 마인드를 갖도록 노력해야 한다.

2. 몸짱

몸짱은 팔등신이나 근육질 몸매만을 의미하지 않는다. 자신감 넘치고 당당한 자세를 지닌 사람이 몸짱이다. 사회에서 보면 거만한 태도를 취하거나 무기력한 자세를 보이는 사람이 많은데, 이런 사람은 호감을 형성하기 어렵다.

열정적이고 활기찬 몸짱이 호감을 얻는다. 몸짱이 되려면 어깨, 허리를 곧게 펴고 몸을 바르게 해야 한다. 배를 집어넣고 엉덩이를 당기고 턱은 당기고 시선은 정면이나 약간 높은 지점을 바라보라.

3. 맘짱

맘짱은 다른 사람을 잘 배려하고 겸손하며 이해심 많은 사람이다. 궂은일은 먼저 솔선수범하고 자신의 이익보다는 다른 사람에게 먼저 베풀어 주는 사람이다. 다른 사람의 잘못이나 실수는 눈감을 줄 알며 자신의 잘못이나 실수는 즉각 사과할 줄 아는 사람이다. 다른 사람에게 따뜻한 배려를 하는 맘짱은 호감을 얻는다. 그런데 태어날 때부터 맘짱인 사람도 있지만 실제로 그런 사람은 그리 많지 않다. 따라서 평상시에 다른 사람에게 관심, 공감, 배려하는 습관을 들여야 한다. 훈련과 노력이 몸짱을 만들듯이 맘짱을 만드는 것도 노력과 반복이다.

4. 배짱

배짱은 용기 있는 사람이다. 실패를 두려워하지 않고 열정과 도전정신으로 실천하는 사람이다. 남의 눈치를 보지 않고 자신이 옳다고 믿는 것을 행동으로 옮기는 사람이다. 실패해도 좌절하지 않고 다시 도전하는 사람이다. 사람은 누구나 배짱이 두둑한 사람을 좋아한다. 배짱 있는 사람은 호감을 얻는다.

5. 말짱

말짱은 말을 잘하는 사람이다. 긍정적인 말, 적극적인 말, 따뜻한 말, 유머를 잘하는 사람이 말짱이다. 항상 다른 사람을 칭찬하고 용기를 북돋아 주며 꿈과 희망을 이야기하는 사람이다. 사람들은 부정적인 말, 차가운 말, 뒷담화를 하는 사람을 싫어한다. 대화를 할 때는 말짱이 되어야 다른 사람의 호감을 얻을 수 있다. 상처를 주는 차가운 말을 하지 말고 힘을 주는 따뜻한 말을 하라.

6. 일짱

일짱은 일을 잘하는 사람이다. 자신의 분야에 전문성 있는 사람이 일짱이다. 자신에게 맡겨진 일을 최선을 다해 일하는 사람이 일짱이다. 자신의 일을 불평불만 없이 일하는 사람이 일짱이다. 자신의 분야에 최고가 되려고 노력하는 사람이 일짱이다. 사람은 누구나 전문성 있고 유능한 사람을 좋아한다. 일짱은 호감을 얻기 쉽다.

7. 꿈짱

꿈짱은 꿈이 큰 사람이다. 가치 있는 비전을 가진 사람이다. 함께 이뤄보고 싶은 목표를 가진 사람이다. 꿈이 있는 사람은 아름답고, 우리는 꿈이 없거나 꿈이 작은 사람보다는 큰 꿈을 가진 사람에게 호감을 갖기 마련이다.

호감 가는 사람들의 유형을 일곱 가지 짱으로 알아보았다. 결국 청강문화산업대학교 학생들에게도 일곱 가지 요소 중 한 가지 이상을 갖춘 사람에게 호감이 형성된 것이다.

사회에서 호감 가는 사람이 되려면 반드시 한 가지 이상의 호감 요소를 갖춰야 한다. 호감 가는 7짱이 될 수 있도록 꾸준하게 노력해보자.

부정적 정서를 예방하라

다른 사람을 만났을 때는 나에 대해 부정적 정서가 형성되지 않도록 노력해야 한다. 나와 함께 있는 순간이 불편하거나 불안하거나 불쾌하면 좋은 관계를 만들기 어렵다.

인간관계에서 형성되는 부정적 정서로는 대표적으로 7가지 유형이 있다. 「젊은이를 위한 인간관계의 심리학」 (권석만 지음 참고)

1. 분노

분노는 "자기 요구의 실현을 부정 및 저지하는 것에 대한 저항의 결과로 생기는 정서"로서 생기는 것이다. 대인관계에서 가장 중요한 것이 분노를 잘 조절하는 것이다. 화를 참지 못하고 표출하면 관계를 해치고 갈등이 발생한다. "화가 치밀어 오르거든 마음속으로 열을 세십시오. 열까지 세어도 화가 가라앉지 않으면 백까지 세십시오."라는 토머스 제퍼슨의 말을 참고하여 분노를 조절할 수 있도록 노력하도록 하자. 또한 다른 사람에게 나에 대한 분노가 형성되지 않도록 노력해야 한다.

2. 불안(공포)

불안은 "특정한 대상이 없이 막연히 나타나는 불쾌한 정서적 상태. 안도감이나 확신이 상실된 심리 상태"이다. 공포는 "괴로운 사태가 다가옴을 예기할 때나 현실적으로 다가왔을 때 일어나는 불쾌한 감정을 바탕으로 한 정서적 반응"으로 불안과의 차이점은 공포를 느끼는 대상이 구체적이고 명확하다.

3. 수치심(죄책감)

수치심은 "부끄러움을 느끼는 마음"이다. 다른 사람에게 비판, 비난을 받거나 인격적 가치를 무시당했을 때 수치심이 형성된다. 죄책감은 "저지른 잘못에 대하여 책임을 느끼는 마음"이다. 다른 사람에게 피해를 주면 죄책감이 형성된다.

4. 시기(질투)

시기는 "다른 사람이 잘 되는 것을 샘하며 미워하는 것"이다. 질투는 "자기가 좋아하는 사람이 다른 사람을 좋아하거나 호의적인 태도로 대하는 것에 대해 미움을 느끼거나 분하게 여기는 것"이다.

5. 경멸(혐오감)

경멸은 "어떤 사람이나 태도^{態度} 등을 낮추어 보거나 업신여기는 것"이다. 혐오감은 "싫어하고 미워하는 감정"이다.

6. 슬픔
슬픈 마음이나 느낌이다.

7. 고독감
고독감은 세상에 홀로 떨어져 있는 듯이 외롭고 쓸쓸한 마음이다.

이상과 같은 부정적 정서가 형성되지 않으려면 다음과 같은 점을 조심해야 한다.

1. 다른 사람을 처음 만났을 때는 자기 공개를 많이 해서 편안하게 만든다.
2. 비상식적, 극단적, 위협적인 단어나 표현은 사용하지 않는다.
2. 상대방의 말을 끊거나 무시하지 않도록 조심한다.
3. 상대방을 비판하거나 비난하지 않도록 노력한다.
4. 상대방의 잘못과 실수를 추궁하지 않도록 노력한다.
5. 나에 관련된 일을 이야기할 때는 시기심이 들지 않도록 조심한다.
6. 다른 사람에 관련된 일을 이야기할 때는 질투심이 들지 않도

록 조심한다.

7. 나의 외모, 복장, 습관, 버릇 등에 혐오감을 주는 요소가 없도
   록 조심한다.

8. 나의 언어, 태도, 자세, 가치관 등에 경멸감을 주는 요소가 없
   도록 조심한다.

9. 상대방을 기분 좋고 즐겁게 해 주도록 노력한다.

10. 상대방의 마음을 잘 헤아려 공감대를 형성해 준다.

다른 사람과 좋은 관계를 만들려면 긍정적 정서가 형성되고 부
정적 정서가 형성되지 않아야 한다. 인간관계를 할 때는 내가 하
는 말이나 행동으로 인해 상대방에게 부정적 정서가 형성되지 않
도록 주의해야 한다.

처음 만난 사람을 칭찬하는 법

프랑스 황제 나폴레옹은 자만에 빠지는 것을 피하기 위해 자신에 대한 칭찬을 금지하였다. 어느 날, 한 신하가 다가와 "저는 진심으로 황제 폐하를 존경합니다. 그 이유는 폐하가 칭찬을 싫어하기 때문입니다." 라고 말하였다. 그런데 그 말을 들은 나폴레옹이 화를 내기는커녕 큰 소리로 웃으며 좋아했다는 이야기가 전해진다.

이렇듯 칭찬은 본질적으로 듣는 사람을 기쁘고 행복하게 해 주는 것이다. 미국의 팝가수 마돈나는 어린 시절 자신의 외모에 열등감을 느끼고 다른 친구들과 잘 어울리지 못하였다. 그러던 어느 날, 무용 선생인 크리스토퍼 플린으로부터 "고대 로마의 신상처럼 아름답구나." 라는 칭찬을 들은 후 자신감을 회복해 유명인이 될 수 있었다고 전해진다.

그러고 보면 칭찬은 고래뿐만이 아니라 사람도 춤추게 만드는 것이다. 심리학에는 '심리적 부담효과'라는 용어가 있다. 사람은 인간관계에서도 대차貸借 관계를 균형 있게 유지하려는 성향이 있기 때문에 누군가로부터 칭찬을 받으면 그 사람에게 심리적 부담을 느끼고 그에 상응하는 행동을 하려 노력하게 된다는 것이다.

사실 인간관계는 단순하다. 사람은 누구나 자신을 좋아하는 사람을 좋아하고 자신을 칭찬해 주는 사람에게 호감을 갖는다. 따라서 칭찬을 통해 상대방의 자긍심을 충족시켜 주면 호감 형성에 도움이 된다. 처음 만난 사람에게는 다음과 같은 사항을 칭찬하는 것이 좋다.

1. 얼굴(용모)

얼굴에 대한 칭찬은 사회에서 다른 사람을 만났을 때 가장 일반적으로 많이 하게 되는 칭찬이다. 전체적인 얼굴 생김새를 칭찬하거나 특정 부위, 피부, 표정, 인상 등에 대해 칭찬할 수 있다.

"얼굴이 참 미인이시네요"
"코가 정말 잘생기셨어요."
"피부가 참 고우세요"
"미소가 천만 불짜리네요. 정말 아름답습니다."
"인상이 정말 좋으시네요."

2. 복장(헤어)

옷차림이나, 헤어, 신발, 패션 스타일에 대해 칭찬할 수 있다.

"양복이 정말 멋지네요."
"와이셔츠 색깔이 양복이랑 잘 어울리네요."
"넥타이가 아주 세련된 스타일이네요."
"신발이 정말 예쁘네요. 디자인이 특이해요."

3. 신체적 특징
상대방의 신체적 특징을 눈여겨보고 칭찬할 수 있다.

"키가 정말 크시네요"
"체격이 건장하시네요. 운동 좋아하시나 봐요?"
"몸이 날씬하시네요. 다이어트 하시나요?"
"손가락이 참 길군요. 피아노를 치면 아주 잘 치겠습니다."

4. 부속물
액세서리, 부속물 등을 칭찬할 수 있다.

"시계가 무척 고급스러워 보입니다."
"목걸이가 심플하면서도 클래식하네요."
"반지가 손에 잘 어울리네요."
"안경테가 모양이 특이하군요. 지적인 느낌이네요."

5. 기타 - 태도(자세), 성취물

"열정이 대단하십니다."

"긍정적인 사고가 부럽습니다"

"경제학 박사시군요. 대단하십니다."

"책을 출간하셨군요. 멋지십니다."

"단체에서 회장을 맡고 계시는구요. 훌륭하십니다."

사람은 누구나 칭찬할 부분이 있기 마련이다. 단점만 보지 말고 그 사람이 가지고 있는 장점을 찾아 칭찬하면 된다. 다만 입에 발린 사탕발림으로 칭찬한다면 오히려 역효과가 날 수도 있다. 따라서 칭찬을 하는 데에는 진심이 담겨야 한다.

처음 만난 사람에게 자연스럽게 칭찬할 수 있도록 가족과 주변 사람에게 먼저 연습하면서 다른 사람에 대한 칭찬에 익숙해지도록 하자.

유머를 활용하라

사람들은 유머 있는 사람을 좋아한다. 유머를 듣고 웃으면 엔돌핀, 세라토닌, 도파민 등이 나와 기분을 전환시켜 주며 특히, 사랑의 묘약으로 불리는 옥시토신이 분비되어 정서적 유대감, 친밀감을 느끼게 해 준다. 스위스 취리히대 에른스트 페르 교수(경제학)팀은 옥시토신을 코에 뿌리면 상대에 대한 신뢰감이 증대된다는 연구결과를 「네이처」지에 발표하였다.

연구팀은 128명의 남성에게 40스위스 센트(미화 32센트)를 주고 투자게임을 실시했다. 그 결과 옥시토신 냄새를 맡은 참가자들은 45%가 수익을 나누어 줄 것으로 믿고 돈을 맡겼다. 반면 냄새를 맡지 않은 사람들에게서는 투자하는 비율이 21%에 그쳐 옥시토신이 상대에 대한 신뢰감을 두 배나 높게 증대시키는 것으로 나타났다.

다른 사람을 처음 만났을 때는 적절하게 유머를 활용하라. 유머는 호감을 형성시켜 주며 친밀감, 신뢰감을 높여 줄 수 있다.

문제 : "초등학교 시험문제입니다. 옆집 아주머니가 맛있는 사과를 주셨습니다. 뭐라고 인사해야 할까요?

정답 : "아이고 뭘 이런 걸 다!"

문제 : 미소의 반대말은?

정답 : 당기소

문제 : 세상에서 가장 야한 닭은?

정답 : 홀딱

문제 : 벌레 중에 가장 아름다운 벌레는?

정답 : 헤벌레

문제 : 높은 곳에 올라가 새끼를 낳는 짐승은?

정답 : 하이에나

문제 : 치과의사가 가장 싫어하는 속담은?

정답 : 이가 없으면 잇몸으로 산다.

문제 : 한의사가 가장 싫어하는 속담은?

정답 : 밥이 보약이다.

문제 : 산부인과가 가장 싫어하는 속담은?

정답 : 무자식이 상팔자다.

문제 : 여자가 웃지 않는 이유는 불행하기 때문이라고 합니다. 남자가 웃지 않는 이유는?

정답 : 지갑이 가벼워서.

이 글을 보고 웃지 않는 남자들은 지갑을 꺼내서 돈이 얼마나 들어 있나 살펴보기 바란다. 초등학교 아들이 몇 년 전에 문자 메시지를 보내온 적이 있다. 지금도 그 내용을 생각하면 배꼽을 잡고 웃게 된다.

"아빠! 힘내세요. 힘내라 힘. 사랑해요. 그리고 용돈 좀 줘요!"

"아버지 감사해요. 제가 존경하는 아버지가 안 계셨더라면… 돈을 못 구해 물건을 사지도 못할거예요. 도둑이나 강도가 되어 살게 될 거예요. 아버지 건강하게 오래오래 사세요."

유머도 결국 노력이다. 태어날 때부터 유머 감각이 넘치는 사람은 많지 않다. 평상시에 재미있는 이야기를 찾아서 외워보고, 대화를 할 때 다른 사람들을 웃겨보는 연습을 반복해야 한다. 아래는 개그맨 김구라 씨가 쓴『웃겨야 성공한다』라는 책에 나오

는 "말 잘하는 습관 들이는 법"이다. 유머 감각을 키우는 데 참고
하자.

1. 유머 100가지를 외우자.
2. 자신이 겪은 사례를 유머화해 보자.
3. 조금 구라를 섞어보자.
4. 아버지, 어머니, 아니면 친구한테 써먹어 보자.
5. 개인기를 만들어 보자.
6. 포커페이스를 가져보자.

CHAPTER 3

기대감

헤어질 때 다시 만나고 싶은 사람

혹시 남자친구 있으세요?

금호 아시아나에 강의를 나갔다. 휴식시간이 되었는데 교육생 한 명이 다가와 말을 건넨다.

"소장님, 명함 한 장 얻을 수 있겠습니까? 저희 부서 교육에도 강의를 부탁드리고 싶어서요."
"네. 감사합니다. 여기 있습니다."

교육을 마치고 집으로 돌아와 명함정리를 하였다. 여러 사람의 명함을 받았지만 휴대폰에 전화번호를 저장한 사람은 강의를 의뢰하고 싶다며 명함을 받아 간 사람의 전화번호만 유일하게 등록하였다. 왜 그랬을까?

인간관계 발전 단계에서 두 번째 단계가 기대감 형성 단계다. 처음 만난 두 사람이 서로에게 기대감이 형성되면 인간관계가 유지될 가능성이 높아진다. 반면에 아무런 기대감도 형성되지 않으면 인간관계는 대부분 중단된다.

기대감은 반드시 처음 만난 사람과의 관계에만 국한되지는 않는다. 부모가 자식에게 기대감이 많으면 맛있는 반찬과 보약을 챙겨 주지만, 기대감이 전혀 없는 자식에게는 특별한 신경을 쓰지 않는다. 노인들이 하는 이야기에 "절대로 자식에게 재산을 모두 물려주지 말라"는 말이 있다. 더 이상 물려받을 재산이 없다고 판단되면 기대감이 없어지고, 그렇게 되면 부모에게도 소홀해지는 게 사람의 본성이다. 상사가 부하에게 기대감이 많으면 잘 돌봐주기 마련이고, 부하가 상사에게 기대감이 많으면 지시에 잘 따르기 마련이다.

젊은 남녀가 우연히 만났다. 남성이 여성의 얼굴을 보니 밝은 표정, 환한 미소가 매력적이라 호감을 갖게 되었다. 용기를 내어 여성에게 물어보았다.

"혹시 남자 친구 있으세요?"

이 경우 여성이 무엇이라고 대답해야 남성에게 기대감이 형성될까? 당연히 "없는데요." 라고 대답해야 기대감이 형성된다. 그런데 만약 이런 대답을 한다면 남성은 어떤 마음이 들까?

"남자친구는 없는데, 남편은 하나 있어요."

아마도 마음속에 큰 실망감을 느낄 것이다. 그렇지만 이것은 우스개로 만든 이야기고 실제로 여성이 남성에게 호감이 느껴졌다면 다음과 같은 대답으로 상대방의 마음에 기대감을 형성할 수 있을 것이다.

1단계 : 지금 찾고 있는 중인데요.
2단계 : ○○○씨 같은 이상형을 아직 못 만났어요.
3단계 : 방금 만난 것 같아요.

어떻게 표현하느냐에 따라 남성의 마음에 형성되는 기대감의 수준이 달라진다. 그리고 그 기대감의 강도에 따라서 인간관계를 유지하고 발전시키려는 노력에 차이가 생겨난다. 기대감이 강하면 적극적으로, 기대감이 약하면 소극적으로 행동하게 된다. 퇴근 무렵에 집으로 전화를 걸어 아들에게 물어본다.
"아들~먹고 싶은 거 있어? 아빠가 사 가지고 갈게."
집으로 돌아가면 아들이 한걸음에 달려 나와 나를 반갑게 맞이한다. 다른 날보다 훨씬 더 많이 내가 돌아오기를 기다린다. 이런 것들도 모두 일상생활 속에서의 기대감이다. 가족끼리 기대감이 많아야 친밀해진다. 직장에서 상사, 동료, 부하 간에 기대감이 많아야 좋은 관계가 형성된다. 계약자가 영업사원에게, 고객이 기업에게 기대감이 있어야 관계가 유지된다.
인간관계에서 기대감은 친소 여부를 결정짓는 핵심요소다. 어떻게 하면 나에 대한 기대감을 형성할 수 있는지 함께 알아보자.

다시 만나고 싶은 사람

머칠 전 어떤 비즈니스 교류 모임에 참석하게 되었다. 첫 번째 만남이라 자연스럽게 자기소개의 시간이 이어졌다. 기업 CEO, 직장인, 전문직, 영업사원 등 다양한 사람들이 순서대로 자기소개와 인사말을 하는데 대부분의 사람들이 공통적으로 꺼내는 단어가 "기대"다.

"좋은 분들을 만날 수 있다는 기대감을 갖고 이 자리에 나왔습니다."
"좋은 인연을 기대합니다."
"따뜻한 모임이 되기를 기대합니다."
"서로에게 도움이 되는 만남이 되길 기대합니다."

역시 사람을 움직이는 것은 기대감이다. 낯선 사람들이 한자리에 모여 악수와 명함을 교환하고 자기소개와 인사를 나누는 것은 새로운 만남, 좋은 인연에 대한 기대감 때문이다. 물론 대부분 자신이 하고 있는 일이나 비즈니스에 도움을 얻을 수 있을 것이라는 기대감 때문이다. 이런 기대감이 없었다면 단 한 사람도 모임에 참석하지 않았을 것이다. 그러나 인간관계에서 가장 중요한 것은 내가 갖는 기대감이 아니라 타인이 나에게 갖는 기대감이다.

사회학자 브룸V. H. Vroom은 기대이론을 주장하였는데, 그에 따르면 인간의 행동의 방향은 ① 유의성(valence), ② 수단성(instrumentality), ③ 기대감(expectancy)의 세 가지 요인에 의해 결정된다.

유의성이란 무슨 일을 하려고 할 때 그 일로부터 얻을 수 있는 보상(rewards)을 얼마나 절실하게 원하는지에 대한 선호의 강도를 가리키고 수단성이란 열심히 일한 성과가 원하는 보상을 얻는 데 어느 정도 도움이 되는가에 관한 믿음의 정도를 가리킨다. 기대감은 자신의 노력이 보상을 얻는 데 필요한 일정 수준의 성과를 가져올 수 있으리라 믿는 확률의 정도이다.

가령 조금 전 모임에 참석한 사람들을 예로 들어 설명하면 다음과 같다. 유의성이란 모임 참석을 통해 새로운 인맥을 구축하는 것에 대한 소중함과 중요성에 대한 인식이다. 다양한 분야에 좋은 인맥을 형성하는 것이 중요하다고 생각하여 참석하였다면 유의성의 강도가 높은 사람이다. 반대로 좋은 인맥을 형성하는 것에 대한 중요성을 느끼지 못했다면 유의성의 강도가 낮은 사람이다. 수

단성이란 모임을 통해 좋은 인맥을 형성하면 실제로 얼마나 도움을 받을 수 있을 것인지에 대한 믿음의 정도이다. 내가 하는 일과 밀접한 분야에 종사하는 사람들이 많다면 큰 도움이 될 수 있겠지만 전혀 다른 분야에서 일하는 사람들이 대부분이라면 큰 도움을 받을 수 있다고 기대하기 어렵다.

기대감이란 모임에 참석하였을 때 좋은 인맥을 구축할 가능성에 대한 확률이다. 참석한 사람들은 최소한의 기대감을 지니고 있기 때문에 모임에 나온 것이지만 기대감의 정도는 사람에 따라 다르게 나타날 것이다. 그런데 수단성은 넓은 의미에서 기대감과 함께 포함시켜 생각할 수 있기 때문에 기대이론을 간략하게 공식화하면 '행동 = 유의성×기대'로 나타낼 수 있다.

브룸의 기대이론이 설명하려는 것은 사람은 자신에게 유의미하다고 생각되는 방향으로, 그리고 그것이 실제적으로 이루어질 수 있다는 기대감이 높을 때 적극적으로 행동하게 된다는 것이다.

인간은 사회적 동물로 타인과의 관계 속에서 살아간다. 인간이 다른 사람과 인간관계를 맺으려는 동기는 매우 다양한데, 이러한 대인 동기의 보유 유무와 강도는 사람마다 다른 양상으로 나타난다. 학자들의 연구에 따르면 동기는 유전적, 선천적 요인에 따라 다르고, 특정 욕구의 충족 경험, 부모와의 애착 경험들에 따라 달라지는 것으로 알려져 있다.

샤흐트Schachter는 친애 행동과 불안의 상관관계에 관한 실험을 하였다. 한 집단의 참여자에게 앞으로 시행할 실험에서 고통을 당할지도 모른다는 지시를 통해 불안을 느끼게 한 반면, 다른 실험 참여자들에게는 그러한 불안을 유발하지 않았다. 이러한 상태에서 실험에 참여할 낯선 사람들을 기다리는 동안 각 집단의 실험 참여자들이 나타내는 사회적 행동을 관찰하였다. 그 결과 불안을 느낀 참여자 집단은 그렇지 않은 집단보다 다른 사람과 더 적극적으로 교류하며 친해지려는 행동을 보였다.

이처럼 사람이 타인과 인간관계를 맺는 데는 의식, 무의식적인 영역에 걸쳐 다양한 동기가 영향을 미친다. 슈츠Schutz는 사람들이 타인과의 만남을 통해 이루고자 하는 욕구로 소속, 통제 그리고 애정의 세 가지 유형이 있다고 설명하였다. 어지리Argyle는 대인 동기를 생물학적 동기, 의존 동기, 친애 동기, 지배 동기, 성적 동기, 공격 동기, 자기존중감과 자기정체감의 동기 등으로 구분하였다. 이외에도 미라이Myrray는 인간의 주요한 사회적 욕구로 친화 욕구, 현시 욕구, 지배 욕구, 구호 욕구, 공경 욕구, 성 욕구 등 20여 가지의 욕구를 제시하였고, 포드Ford는 지향하는 목표에 따라 개인 지향적 동기와 집단 지향적 동기로 구분하였다.

이렇게 대인 동기는 학자에 따라 매우 다양하고 복잡한 유형으로 나눠진다. 그러나 이것을 단순하게 구분해 보면 사람은 보통 타인과의 관계를 통해 다음과 같은 것들을 얻고자 하는 것으로 이해할 수 있다.

- 관심과 애정 : 사람은 누구나 다른 사람으로부터 관심과 애정을 받기를 원한다.

  예) 칭찬, 지지, 인정, 존중…

- 즐거운 체험 : 사람은 다른 사람과 함께 즐거운 대화와 경험의 시간을 나누길 원한다.

  예) 대화, 운동, 영화관람, 여행…

- 현실적 도움 : 사람은 누구나 다른 사람으로부터 경제적, 물질적 도움을 받기를 원한다.

  예) 금전, 대여, 보증, 애경사, 일과 관련된 도움…

대인 동기에 대한 올바른 이해는 성공적인 인간관계를 형성하는 데 중요한 영향을 발휘한다. 처음 만난 사람의 대인 동기를 파악할 수 있으면 기대감을 쉽게 형성시킬 수 있으며 인간관계가 발전될 가능성이 매우 높아진다. 사회생활에서 중요한 자기소개의 목적 또한 나에 대한 기대감을 형성하는 것이라는 사실을 분명하게 인식해야 한다. 사회 인맥뿐만이 아니라 가족, 친구, 직장 사람들의 대인 동기를 파악할 수 있으면 심리적 계약의 준수가 용이해진다. 상대방이 나에게 무엇을 기대하고 있는지를 정확하게 이해하고 상대방의 기대감을 충족시켜 주기 위한 노력에 집중할 수 있기 때문이다. 아울러 나에 대한 기대감이 높아지면 가족이나 주변 사람들과의 관계도 한층 친밀해지기 마련이다.

지금까지 설명한 대인 동기를 적극 활용하여 성공적인 인간관계를 형성해보자. 헤어질 때 다시 만나고 싶은 사람이 될 수 있도록 사람들의 마음에 기대감을 형성하라.

상대방의 욕구 파악

기대감은 내가 필요로 하는 욕구를 상대방이 충족시켜 줄 수 있다고 판단될 때 형성된다. 따라서 나에 대한 기대감을 형성하려면 상대방이 어떤 욕구를 가지고 있는지 생각해야 한다. 그리고 내가 충족시켜 줄 수 있는 부분을 자연스럽게 이야기하면 나에 대한 기대감이 형성된다. 상대방이 가지고 있지 않은 욕구, 이미 충족된 욕구는 기대감을 형성하기 어렵다.

다음 대화를 보고 상대방에게 기대감이 형성될 수 있는지 생각해보자.

A : 김 대리, 오늘 저녁에 내가 한잔 거하게 쏠게. 며칠 전에 새로 개발한 술집이 있어.”

B : “미안, 나 어제까지 3일째 술 마셨어. 지금은 술 얘기만 말아도 머리가 아파.”

A : “애들아, 내가 근사한 일식집에 가서 맛있는 생선회 사줄

까?"

B : "선생님, 부모님이 일식집을 하셔서 저는 날마다 생선회를
　　먹습니다."

A : "혹시 법률적인 도움이 필요하시면 언제든지 저에게 연락
　　주십시오."

B : "감사합니다. 저희 아내도 변호사랍니다."

A : "제가 남자친구 소개시켜 줄까요? 괜찮은 후배가 있는
　　데…."

B : "저는 독신주의자예요."

A : "이달의 최고 판매사원에게는 인도여행을 보내주겠습니
　　다."

B : "지난달에 2주 동안 인도로 여행 다녀왔는데요."

A : "천만 원을 투자하면 6개월 후에 200만 원을 벌 수 있어요.
　　투자하세요."

B : "제가 며칠 전에 130억짜리 로또에 당첨되었어요."

말할 것도 없이 모두 기대감이 형성되기 어려운 상황이다. 상대
방이 가지고 있지 않은 욕구, 이미 해결된 욕구는 기대감을 형성

할 수 없다. 상대방의 충족되지 못한 욕구를 이야기해야만 기대감이 형성된다. 사람의 욕구에는 여러 가지가 있지만 가장 많이 알려진 매슬로의 욕구 5단계설을 살펴보면 다음과 같다.

1. 생리적 욕구
식욕, 수면욕, 성욕 등 생물학적 욕구가 여기에 해당된다.

"제주에 오실 때는 꼭 제게 연락 주십시오. 제주 토종흑돼지, 자연산 참돔, 갈치 조림을 대접하겠습니다."
"압구정동에 가면 제가 단골로 이용하는 근사한 술집이 있습니다. 시간을 내 주시면 한번 모시고 싶습니다."

2. 안전의 욕구
질병, 위험, 불안, 불확실성으로부터 벗어나려는 욕구가 여기에 해당된다.

"4학년이면 졸업이 얼마 안 남았네? 취업 관련해서 도움이 필요하면 언제든지 연락해."
"프리랜서로 독립한 지 1개월 됐다니 여러 가지 걱정이 많겠네요. 제가 이 분야에서 15년 넘게 일했으니 최대한 힘껏 도와드리겠습니다."

3. 소속과 애정의 욕구

집단에 소속되고 애정을 교환하려는 욕구다. 친구, 이성간의 교제, 단체나 모임의 가입 등에 관련된 욕구다.

"제가 좋은 모임 하나 추천해 드릴게요. 동종업계에 종사하는 비슷한 연령대의 사람들이 많아서 쉽게 친해질 수 있을 거예요. 친구도 많이 사귈 수 있을 겁니다."

"아직 싱글이시군요. 제 후배 중에 잘 생기고, 능력 있고, 성격 좋은 사람이 한 명 있는데 제가 소개해 드릴게요."

4. 존경의 욕구

타인에게 인정받으려는 욕구다. 명예, 자긍심, 자존감 등이 여기에 해당된다.

"제가 운영하는 협회의 고문으로 모시고 싶습니다. 다음에 만나면 구체적으로 말씀드리겠습니다."

"광주광역시에서 투자유치자문위원을 모집 중인데 제가 추천하고 싶습니다. 시간이 되실 때 한번 찾아뵙겠습니다."

5. 자아실현의 욕구

잠재력과 재능을 발휘해 자신이 추구하는 것을 이루고자 하는 욕구다. 꿈, 목표, 일 등에 관련된 욕구다.

"제가 운영하는 인터넷 카페의 회원들을 대상으로 특강을 하면 홍보에 도움이 되실 겁니다. 카페 내에 전용게시판도 개설해 드릴 테니 칼럼도 써 보세요."

"어떤 분야를 강의하시죠? 제가 알고지내는 교육담당자가 많은 데 추천해 드릴게요."

지금까지 말한 다섯 가지 욕구를 참고로 상대방이 어떤 욕구를 지니고 있는지 생각해보고 나에 대한 기대감이 형성될 수 있도록 노력해보자.

기대감을 형성하는 법 : 전문성

기대감을 형성하는 요소에는 여섯 가지가 있는데, 그중에서 첫 번째 요소가 전문성이다. 특정 분야의 전문성을 가지고 있는 사람은 다시 만나고 싶어지고 인간관계를 유지하고 싶어진다. 한동안 매주 토요일마다 '행복한 인맥관리'라는 주제로 5시간 강좌를 개최하였다. 인맥관리는 성공을 위한 것이라기보다 행복을 위해 꼭 필요하다는 것이 내 생각이다. 어떻게 하면 좋은 인맥을 만들어 행복한 삶을 살 수 있는지를 교육했다. 교육을 들어가기 전에는 으레 자기소개 시간이 있다. 자기소개는 나에 대한 기대감을 형성시켜야 한다. 기대감을 형성시키지 못하는 자기소개는 본질적인 목적을 달성하지 못하는 것이다. 약간 따분하다 싶은 내용들이 이어지는데, 갑자기 한 교육생의 자기소개가 귀에 쏙 쏙 들어오기 시작한다.

"저는 여러분들이 TV에서 많이 보신 비보이를 하는 사람입니다. 국내 최고의 비보이 팀에서 리더를 맡고 있고, 세계 비보이 대회, 배틀 오브 더 이어Battle of the year에서 우승을 한 적도 있습니다."

비보이에 관한 이야기는 가끔 들었고 텔레비전을 통해 배틀 댄스를 보면서 감탄한 적은 있었지만 이렇게 실제로 비보이를 만난 것은 처음이었다. 특별히 나에게 무엇을 줄 수 있는 사람도 아닌데, 친근감과 앞으로 계속 만나고 싶다는 생각이 절로 들었다.

삼성그룹 계열사의 K상무에게 전화를 걸었다. 지난 2월에 인맥관리 특강을 나가서 알게 된 분인데, 새로 출판하는 책의 뒤표지에 실릴 추천 글을 부탁하였다. 한국 최고의 그룹에서 임원을 맡고 있는 사람이니 전문성은 이미 검증된 사람이다. 앞으로 좋은 관계를 유지하고 싶은 마음이 들었다.

전문성은 능력이요, 실력이다. 어떤 의미에서는 지위나 자격을 말할 수도 있지만 반드시 그렇지만도 않다. 대통령이나 전경련 회장도 전문성이지만 프로야구 선수 이승엽, 연예인 김제동도 모두 전문성을 가지고 있는 사람이다. 그리고 이런 사람들과는 좋은 관계로 알고 지내고 싶어진다.

다른 사람에게 나에 대한 기대감을 형성시키려면 가장 좋은 것은 전문성을 갖추는 것이다. 내가 하고 있는 일이나 비즈니스 분야에서 뛰어난 전문가가 되는 것이다. 또는 내가 관심 있는 분야나 취미 분야에서 전문성을 갖추는 것이다. 반드시 사업적인 전문성이 아니라도 된다. 여행도 좋고, 사진도 좋고, 자동차도 좋고, 요리도 좋다. 다만, 여러 사람들이 호감을 가질 만한 분야의 전문성이라면 더욱 좋을 것이다.

　글을 쓰고 있는데, 전화가 한 통 왔다. 휴먼네트워크연구소에서 강사 양성 과정을 수료한 L강사다. 처음 만났을 때는 특별한 기대감이 , 대화를 나누다 보니 영어에 관한 최고의 전문가라는 사실을 알 수 있었다. 당연히 기대감이 형성되며 친밀한 관계로 발전되었다.

　사람들은 누구나 능력과 실력을 갖춘 사람을 좋아하고 또 그런 사람들과 인간관계를 맺고 싶어한다. 다른 사람들에게 기대감을 형성하려면 나만의 전문성을 갖춰라.

기대감을 형성하는 법 : 정보

문정이 대표에게 문자 메시지가 왔다.

"소장님, 강남 사무실에 계시면 한번 찾아뵙고 싶습니다."

아쉽게도 오늘은 사무실에 없는 날이다. 다음 기회에 만나자고 답신 메시지를 보냈다. 문정이 대표는 여러모로 장점이 많은 사람이다. 기획력도 있고 열정도 있고 강의 스킬도 대단하다. 그러나 내가 문정이 강사를 처음 만났을 때 가졌던 기대감은 "정보"다. 노트북과 컴퓨터에 저장된 강의 자료가 어마어마했다. 일반 강사들이 10년 정도는 모아야 가능한 분량의 자료를 수집해 놓고 있었다. 나 또한 강의를 하는 사람으로서 몹시 탐나는 자료들이 무척 많았다.

기대감을 형성하는 두 번째 요소는 정보다. 우리 인생을 가만히 살펴보면 모든 것이 정보와 직결된다. 입시정보, 취업정보, 재테크정보, 건강정보, 취미정보, 사업정보… 내가 필요로 하는 정보를 가져다 줄 수 있는 사람에게 기대감이 형성된다.

1. 일 정보

내가 하고 있는 일, 업무, 비즈니스와 관련된 정보를 줄 수 있는 사람에게 기대감이 형성된다. 사업을 하는 사람에게는 비즈니스와 관련된 정보, 대학생이나 취업준비생에게는 취업 정보, 대학입학을 준비 중인 사람에게 입시 정보, 창업을 준비 중인 사람에게는 해당 분야의 창업 정보를 줄 수 있으면 기대감이 형성된다.

2. 재테크 정보

돈을 벌 수 있는 정보를 알려줄 수 있는 사람에게 기대감이 형성된다. 주식이나 부동산 투자, 펀드, 자산관리, 기타 재테크 정보를 알려줄 수 사람에게 기대감을 갖는다.

3. 건강 정보

건강에 도움이 되는 정보를 알려줄 수 있는 사람에게 기대감이 형성된다. 의사, 약사, 한의사, 간호원, 건강도우미, 건강 관련 사업종사자, 기타 건강에 해박한 지식을 갖고 있는 사람에게 기대감을 갖게 된다.

4. 취미 정보

내가 갖고 있는 취미에 정보를 줄 수 있는 사람에게 기대감이 형성된다. 여행 정보, 사진 정보, 자동차 정보, 등산 정보, 컴퓨터 정보 등 내가 좋아하는 취미에 관련된 정보를 줄 수 있는 사람에게 기대감을 갖는다.

5. 관심 정보

내가 관심을 갖고 있는 사항에 도움을 줄 수 있는 사람에게 기대감이 형성된다. 자녀교육법, 독서법, 학습법, 글쓰는 법, 유머대화법 등 내가 필요로 하는 정보를 줄 수 있는 사람에게 기대감이 형성된다.

다른 사람에게 기대감을 형성하려면 내가 줄 수 있는 정보가 어떤 것이 있는지 점검해보라. 다양한 분야의 전문적인 정보를 많이 알고 있어야 도움이 된다. 내가 다른 사람에게 줄 수 있는 정보가 전혀 없으면 기대감을 형성하기 어렵다. 내가 하고 있는 일, 취미, 관심 분야에서 정보를 넓히고 평상시에 시사상식을 많이 알아두는 것도 바람직하다.

지금 이 책에서 어떤 정보를 얻을 수 있을 것인가에 대한 기대감이 이 책에 대한 구매 여부를 결정짓게 된다. 이 책은 '사람을 내편으로 만드는 법'에 대한 실제적인 정보를 줄 것이다. 이 책을 읽으면 세상 사람들을 모두 내 편으로 만들 수 있는 노하우를 갖게 될 것이다. 여러분 마음에 기대감이 생기는가?

기대감을 형성하는 법 : 기회

기대감을 형성하는 세 번째 요소는 기회다. 내가 필요로 하는 특정한 기회를 제공해 줄 수 있는 사람에게 기대감이 형성된다.

아침에 일어나 메일함을 열어보니 온라인 교육 사이트에서 기업교육을 담당하고 있는 H팀장에게 메일이 한 통 와 있다. 무슨 좋은 일이라도 있는 것일까 기대하며 메일을 열어보았다.

"소장님, 이번에 C 그룹 팀장 리더십 과정에 〈휴먼네트워크 관리〉 교육을 5시간 정도 포함시키려 하는데, 가능하신지 문의드립니다. 자세한 사항은 제안서를 파일로 첨부하였으니 참고해 주십시오. 가능한 대로 빨리 연락주시면 감사하겠습니다."

제안서를 검토해 보니 특별한 문제가 없을 것 같아 바로 승낙 답신을 보냈다. 나처럼 전문 강사로 활동하는 사람에게는 강의기회를 제공해 줄 수 있는 H팀장 같은 사람에게 기대감이 형성된다.

기대감을 형성하는 기회는 여러 가지가 있을 수 있다.

1. 직장이나 사업에서의 기회

직장에서는 승진, 부서 배치, 프로젝트 운영, 발표, 표창이나 시상 등 여러 가지 기회가 있을 수 있다. 사업에서도 프레젠테이션 참여, 계약 체결, 시범사업 운영, 공동마케팅 등 여러 가지 기회가 존재한다. 이런 기회를 줄 수 있는 사람에게는 기대감을 갖게 된다.

2. 사회에서의 기회

나는 교육과 관련된 인터넷 카페를 운영하고 있다. 보통 새내기 강사들을 만나면 그들의 성품이나 강의 실력을 눈여겨 본다. 그리곤 어느 정도 적합하다고 생각되면 카페에 전용게시판 개설, 전체 메일로 프로필 홍보, 교육담당자들에게 추천, 카페 행사에 강의 기회 등을 제공해 준다. 일반적인 새내기 강사라면 이런 기회를 줄 수 있는 사람에게 기대감이 형성될 것이다.

3. 기타 기회

이외에도 여러 가지 기회가 있을 수 있다. 나는 군대에서 대학교 입학시험을 준비하였다. 내가 복무 중이던 부대는 해안경비를 맡고 있었다. 야간이면 해안에 투입되어 보초를 서고 낮에는 수면을 취했다. 당연히 낮 동안 수면시간을 이용하여 공부를 해야만 했는데, 다행히 선임하사의 도움으로 시험 준비에 전념할 수 있었다. 그 후에도 선임하사의 도움으로 중대에 나온 휴가증 하나를 받아 시험을 볼 수 있었다. 나에게는 정말 소중하고 값진 인생의 기회였다.

지금 내 딸은 음악학원에 다니고 있다. 혹시라도 가수로 데뷔할 수 있는 기회를 제공해 줄 수 있는 사람을 만난다면 나는 그에게 강한 기대감을 갖게 될 것이다.

인생을 살다보면 여러 가지 기회를 만난다. 사업이나 일과 관련된 것도 있고 일상생활과 관련된 기회도 있다. 어떤 기회든지 간에 그 기회가 소중하면 소중할수록 그 기회를 줄 수 있는 사람에게 강한 기대감을 갖게 된다.

나는 매월 1회 각계 인사 교류모임을 주관하고 있는데, 참석자들은 우리 사회의 리더, 전문가들로 구성되어 있다. 내가 각계 인사 교류모임에 초청할 수 있다는 사실을 알게 되면 일반적인 사람들은 나에게 기대감을 갖게 될 것이다. 이것이 바로 기대감을 형성하는 세 번째 요소, "기회"다. 다른 사람에게 기대감을 형성할 수 있는 기회는 어떤 것이 있는지 생각해보고 내가 줄 수 있는 기회를 많이 만들어 보자.

기대감을 형성하는 법 : 자원

기대감을 형성하는 네 번째 요소는 자원이다. 자원은 물질적인 자원과 비물질적인 자원이 있다. 사람들은 실제적인 도움을 받을 수 있는 사람에게 기대감을 갖는다. 한국기업교육협회 창립준비 모임에 다녀왔다. 참석한 사람 중에 음악치료를 전문으로 교육하는 원장님이 한 분 있었다. 자기소개를 하는데, 교육장 대여 이야기가 귀에 쏙 들어온다.

"제가 양재역에 교육장을 운영하고 있습니다. 교육과정이 주말에만 있어 평일에는 거의 사용하지 않으니 필요한 분은 알려주세요. 무료로 대관해 드리겠습니다."

가끔 교육이나 행사를 개최할 때면 마땅한 장소를 구하지 못해 어려움을 겪곤 하였다. 그런데 교육장을 무료로 대관해 준다고 하니 큰 기대감이 형성된다. 이처럼 내가 필요로 하는 도움을 줄 수 있는 사람에게는 기대감이 형성된다. 한국노동연구원에서 노사관계 고위지도자 과정을 함께 수료한 동기 모임에 참석하였다. 15년 만에 모인 모임이라 그동안 어떻게 살아왔는지, 무슨 일을 하고 있는지 자기소개를 하게 되었다. 각자가 이미 자신의 분야에서 전문적인 지위에 오른 사람들이라 기대감 형성이 남다르다.

"저희 회사는 플랜트 수출업체라 도움 드릴 것은 없습니다. 다만, 제가 G 컨트리클럽 회원권을 가지고 있는데, 필요하신 분이 있으시면 언제든 부킹시켜 드리겠습니다."

"저는 이번에 총무담당 이사로 업무가 변경되었습니다. 저희 병원에 입원이나 수술을 하게 될 일이 생기면 꼭 연락주십시오. 성심껏 도와드리겠습니다."

"저는 지금 외환업무를 맡고 있습니다. 혹시라도 해외여행이나 유학문제로 환전이 필요할 때는 제게 알려 주세요. 특별 조건으로 환전해 드리겠습니다."

자기소개는 이렇게 기대감을 줄 수 있는 사항을 구체적으로 말해야 한다. 그중에서도 자신이 제공할 수 있는 자원이 있다면 그것을 강조하는 것이 가장 효과적이다. 자원은 크게 두 가지로 나눌 수 있다.

1. 물질적 자원

돈이나 물질은 기대감을 형성시킨다. 나와 지속적으로 연락을 주고받는 사람 중에 이현주라는 여성이 있다. 문화공연 이벤트사에서 근무하는데, 인맥관리 특강을 통해 만났다. 2년 정도가 지났는데, 아직도 3~4개월마다 한 번씩 공연 초대권을 보내온다.

사람들에게 기대감을 형성시킬 수 있는 물질적 자원으로는 돈, 선물, 식사제공, 상품권, 초대권, 콘도이용권 등 다양한 종류가 있다. 별장, 자동차, 게임 CD를 빌려 줄 수 있는 사람에게도 기대감이 형성된다.

2. 비물질적 자원

비물질적 자원은 후원이나 협력이다. 내가 하는 일을 도와주는 것이다. 회사에서 업무를 도와주는 사람, 가정에서 집안일을 도와줄 수 있는 사람, 숙제를 도와줄 수 있는 사람, 취미생활에 도움을 줄 수 있는 사람에게 기대감이 형성된다.

내가 운영하는 인터넷 카페와 페이스북 100인회에서는 매달 정기모임을 개최한다. 한번 행사를 치르려면 기획, 홍보, 접수, 안내, 사회, 음료 준비 등 여러 가지 손길이 필요해진다. 이런 일을 도와줄 수 있는 사람을 만나면 기대감이 형성된다.

사회에서 기대감을 가장 빠르게 형성할 수 있는 요소가 자원이다. 내가 다른 사람에게 줄 수 있는 자원은 어떤 것이 있는지 생각해 보고 기대감을 형성할 수 있는 역량을 강화해보자.

기대감을 형성하는 법 : 긍정적 정서

기대감을 형성하는 다섯 번째 요소는 긍정적 정서다. 우리는 함께 있으면 즐겁고 편안한 사람을 다시 만나고 싶어 한다. 함께 있을 때 불편하고 어색한 사람은 만나고 싶지 않다. 따라서 다른 사람과 함께 있을 때는 상대방의 마음이 즐겁고 편안한지 생각해야 한다.

사회 후배 선호에게 전화가 걸려와 집 근처에 있는 공원으로 나갔다. 멀리서 보니 벤처에 앉아 담배를 피우고 있다. 나를 보더니 사람 좋은 웃음을 짓는다. 참 좋은 놈이다. 만나면 항상 기분이 좋아진다. 처음 그를 만난 것은 인터넷 커뮤니티의 정기모임에서였는데, 그러고 보니 벌써 10년이 지나간다. 나이는 12살 차이가 나지만 처음부터 나를 형님이라 불렀다. 고향이 강원도라 그런지 심성이 착하고 여린데 가끔은 엉뚱한 짓도 많이 저질러 나를 깜짝깜짝 놀라게 만드는 놈이다.

"형님, 요즈음 어떠세요? 저는 죽겠습니다."

"왜?"

"회사일이 재미가 없어요. 영업을 열심히 해도 마진이 워낙 작아서 남는 게 없어요"

"그래? 그럼 어떻게 하니?"

"잘 되겠죠. 그냥 형님에게 투정 한번 부려 본 거예요."

"힘내서 열심히 해. 잘 될 거야. 그리고 무슨 일 있으면 꼭 내게 알려야 한다."

"네, 당연하죠. 형님은 저의 우상인 거 아시죠? 하하하~"

낯선 사람을 처음 만나게 되면 불안감과 긴장감을 느낀다. 그런 감정이 오래 지속되면 불편해지고, 대화가 자연스럽게 이어지지 못하며 어색함을 느끼게 된다. 헤어지고 나면 즐겁지 못했던 만남으로 기억되고 다시 만나기가 꺼려진다. 따라서 이런 감정이 형성되지 않도록 조심해야 한다.

기대감의 다섯 번째 요소인 긍정적 정서는 다음과 같은 요소들로 인해 형성된다.

1. 유머
2. 경청, 이해, 공감
3. 칭찬, 격려, 인정, 지지

4. 유익한 대화

5. 즐거운 체험

다른 사람을 처음 만났을 때는 호감과 관심을 적극적으로 표현해 주는 것이 좋다. 상대방이 하는 말을 적극적으로 경청하고 공감을 나타낸다. 상대방을 칭찬해 주거나 상대방의 생각을 지지, 격려를 해 준다. 대화는 즐겁고 유익한 내용이 되도록 노력하며 함께 있는 시간 동안 즐거운 경험이 이뤄지도록 노력한다. 유머를 활용하는 것도 좋은 방법이다. 다른 사람을 처음 만날 때는 상대방에게 긍정적인 정서가 형성되도록 노력하라. 긍정적 정서가 강하게 형성돼야 다시 만나고 싶어진다.

기대감을 형성하는 법 : 꿈

기대감을 형성하는 여섯 번째 요소는 꿈이다. 우리는 꿈과 비전이 큰 사람에게 관심이 많고 기대감을 갖는다. 꿈이 작거나 소박하면 기대감이 형성되지 않는다.

내가 회장으로 있는 청경장학회에서는 매월 1명씩 대학생을 뽑아 장학금을 수여하고 있다. 장학생 모집 공지를 하면 많은 대학생들이 지원을 한다. 메일로 보내온 자기소개서와 이력서를 보며 심사를 하는데, 어떤 학생에게는 기대감이 형성되고 어떤 학생에게는 기대감이 형성되지 않는다.

크게 두 가지 요소가 좌우한다. 첫 번째는 재능이요, 두번째는 꿈이다. 그중에서도 꿈이 가장 큰 영향을 준다. 재능이 다소 부족해 보여도 꿈과 열정이 큰 학생은 기대감이 생긴다. 재능과 실력이 뛰어난 데도 미래의 목표가 소박하면 그다지 기대감이 형성되지 않는다. 당연히 장학생으로 선발되는 과정에도 영향을 미친다.

이미 장학생으로 선발된 학생들도 모두 자기 나름대로의 꿈을 가지고 있다. 세계적인 대금 연주자, 아프리카 주재 외교관, 방송 아나운서, 그리고 인생에서 이루고 싶은 꿈을 무려 24가지나 적은 학생도 있었다. 꿈이 있는 사람은 아름답고, 꿈이 있는 사람은 함께 하고 싶다.

며칠 전, 평소에 친분이 있던 한 국회의원의 선거사무실 개소식에 참석하였다. 행사가 끝난 후 다과를 먹으며 대화를 나누는데, 자원봉사를 하는 대학생들이 옆에 있어 말을 건네 보았다.

"대학생인 것 같은데 앞으로 꿈이 뭐지?"

"국회의원이 되어 서민을 위한 정치를 하고 싶습니다."

다른 학생에게 물어보았다.

"앞으로 정치를 할 생각인가?"

"네. 힘 있는 나라를 만드는 대통령이 되고 싶습니다."

그 옆에 있는 여학생에게 질문을 던져보았다.

"자네는 꿈이 뭐지?"

"인류 역사에 길이 남는 세계적인 정치지도자가 되고 싶습니다."

여학생의 대답을 들으며 나는 빙긋이 웃음을 머금었다. 세계적인 지도자가 되겠다는 꿈이 실제로 이루어질 수 있는지는 잘 모르겠다. 그러나 내가 직원을 한 사람 구하는 중이었다면 보나 마나 이 여학생을 채용할 것이다. 만약 3명의 학생들이 모두 청경장학생에 지원했다면 나는 틀림없이 여학생에게 가장 높은 점수를 주었을 것이다. 우리는 누구나 큰 꿈과 비전을 품고 있는 사람을 좋아하기 마련이다. 그리고 그런 사람에게 기대감을 갖게 된다.

지금 나는 어떤 인생의 목표, 꿈, 비전을 가지고 있는지 생각해 보자. 큰 꿈, 가치 있는 비전이면 좋다. 그러나 반드시 큰 꿈이 아니어도 된다. 자신만의 가치관을 가지고 명확한 인생의 목표를 정한 사람에게는 기대감이 형성된다.

다른 사람에게 기대감을 형성하고 싶으면 나의 미래에 기대감을 갖게 해보자.

그것이 기대감을 형성하는 6번째 요소, 꿈이다.

기대감을 형성하는 10가지 방법

다른 사람을 처음 만났을 때 나에 대한 기대감을 보다 적극적으로 형성하려면 아래 항목을 우선적으로 분석해보라. 열 가지 사항은 인간관계에서 기대감이 쉽게 형성되는 항목들이다.

1. 일

내가 하는 일에 도움을 줄 수 있는 사람을 만나면 기대감이 형성된다. 나의 경우는 나에게 강의를 의뢰할 수 있는 교육담당자를 만나면 기대감이 형성된다. 나에게 칼럼을 청탁할 수 있는 사보 담당자를 만나면 기대감이 형성된다. 다른 사람을 만나면 상대방이 어떤 일을 하는지 관심을 갖고 내가 도움을 줄 수 있는 부분을 찾아서 이야기하라.

2. 취미

내가 좋아하는 취미에 도움을 줄 수 있는 사람을 만나면 기대감이 형성된다. 나는 여행을 좋아한다. 따라서 여행에 관련된 정보나, 저렴한 비용으로 항공권, 여행상품을 구매하게 도와줄 수 있는 사람을 만나면 기대감이 형성될 것이다.

다른 사람을 만나면 그 사람의 취미가 무엇인지 확인하여 내가 도움을 줄 수 있는 부분을 찾아서 이야기한다.

3. 돈

돈을 벌게 해 줄 수 있는 사람을 만나면 기대감이 형성된다. 나는 주식투자, 부동산 투자에 관심이 많다. 좋은 투자 정보나 재테크 정보를 줄 수 있는 사람을 만나면 기대감이 형성된다.

4. 물질

나에게 물질을 제공해 줄 수 있는 사람을 만나면 기대감이 형성된다. 기획사에 근무하는 L은 나를 처음 만났을 때 정기적으로 공연초대권을 보내주겠다고 말하였다. 제주에 사는 U는 제주에 놀러오면 펜션을 무료로 제공해 주겠다고 말하였다. 당연히 두 사람 모두에게 기대감이 형성되었다. 평상시에 내가 다른 사람에게 제공해 줄 수 있는 물질이 어떤 것이 있는지 고민해 보고 베풀 수 있는 것이 많아지도록 노력해야 한다.

5. 건강

나의 건강에 도움을 줄 수 있는 사람을 만나면 기대감이 형성된다. 의사, 약사, 한의사, 간호사는 물론이요, 병원에 근무하는 사람도 기대감이 형성된다. 기타 건강 관련된 일에 종사하거나 건강 관련된 지식정보가 많은 사람도 해당된다. 나는 환절기가 되면 아토피 때문에 심한 고생을 겪는다. 누군가 아토피 치료에 도움을 줄 수 있는 사람을 만나면 기대감이 형성될 것이다. 나는 대머리다. 누군가 발모 치료에 도움을 줄 수 있는 사람을 만나면 기대감이 형성될 것이다. 다른 사람을 만나면 그 사람의 건강, 신체적 상황에 관심을 갖고 도움을 줄 수 있는 요소를 찾아본다.

6. 가족

가족에게 도움을 줄 수 있는 사람을 만나면 기대감이 형성된다. 자녀교육문제에 도움을 주거나 진학, 유학에 도움을 줄 수 있는 사람, 자녀나 배우자의 취업에 도움을 줄 수 있는 사람, 미혼인 자녀의 결혼에 도움을 줄 수 있는 사람 등 여러 형태의 도움을 필요로 할 수 있다. 나의 경우는 딸아이의 꿈인 가수의 길에 도움을 줄 수 있는 사람을 만나면 기대감이 형성될 것이다.

다른 사람을 만나면 그 사람의 가족에게도 관심을 갖고 어떤 도움을 줄 수 있는지 찾아서 이야기하라.

7. 애경사

애경사에 도움을 줄 수 있는 사람을 만나면 기대감이 형성된다. 생일, 결혼, 돌, 회갑, 장례, 입학, 졸업, 기념식, 개업식, 집들이 등 여러 가지 애경사에 도움을 받을 수 있는 사람은 기대감이 형성된다. 나의 경우를 보면 아이가 어렸을 때 전문적인 사진작가나 사진 촬영이 취미인 사람을 만나면 기대감이 형성되었다. 부모님 회갑연을 앞두고는 사회를 잘 보는 MC를 만나면 기대감이 형성되었다. 집들이를 앞둔 사람은 요리를 잘하는 이웃집 주부를 만나면 기대감이 형성될 수 있을 것이다.

다른 사람을 만나면 그 사람의 애경사에 관심을 갖고 내가 도와줄 수 있는 일이 어떤 것이 있는지 찾아서 이야기하라.

8. 생리적 욕구

사람은 생리적 욕구를 충족시켜 줄 수 있는 사람에게 기대감이 형성된다. 가장 일반적인 욕구는 식욕이다. 맛있는 음식, 고급 술, 특이한 요리를 대접할 수 있는 사람에게 기대감이 형성된다. 이성 간에는 성적인 욕구를 충족시켜 줄 수 있는 사람에게 기대감이 형성되기도 한다. 먹는 것, 보는 것, 듣는 것, 맡는 것, 느끼는 것, 피우는 것 등에서 원초적인 기쁨이나 즐거움을 제공해 줄 수 있는 사람에게 기대감이 형성된다. 나는 삼합요리를 좋아하나 아직 맛있게 하는 식당을 알지 못한다. 어떤 사람이 나에게 "삼합을 정말 맛있게 하는 전문식당을 알고 있다. 그곳에서 한번 대접하고 싶다"고 말하면 나는 그 사람에게 기대감이 형성될 것이다.

다른 사람을 만나면 그 사람의 생리적 욕구를 충족시켜 줄 수 있는 부분을 찾아서 이야기하라.

9. 관심 사항

사람은 자기가 관심을 가지고 있는 사항에 도움을 받을 수 있는 사람에게 기대감이 형성된다. 내가 관심을 가지고 있는 일중의 하나는 청경장학회에서 300명 이상의 장학생을 배출하는 것이다. 누군가 이런 일에 도움을 줄 수 있는 사람을 만나면 기대감을 갖게 된다. 다른 사람을 만나면 그 사람이 관심을 가지고 있는 일이 무엇인지 알아보고 도움을 줄 수 있는 부분을 찾아서 이야기하라.

10. 꿈(목표)

내가 이루고자 하는 꿈, 목표에 도움을 줄 수 있는 사람을 만나면 기대감이 형성된다. 나의 버킷 리스트 중 한 가지는 평생 100권 이상의 책을 출간하는 것이다. 누군가 나의 꿈을 이루는 데 도움을 줄 수 있는 사람을 만나면 기대감이 형성될 것이다.

다른 사람을 만나면 그 사람의 꿈, 목표에 관심을 갖고 도움을 줄 수 있는 부분을 찾아서 이야기하라.

지금까지 사람들이 기대감을 갖는 열 가지 항목에 대해 이야기해 보았는데, 지나치게 기술적, 전략적인 관점으로 접근하지 말자. 가끔 의도가 환히 보이는 노골적인 방법으로 기대감을 형성하려는 사람을 보게 된다. 그러면 오히려 불쾌해지고 거부감이 형성된다. 기대감을 형성할 때는 스킬로 하지 말고 관심과 배려의 마음으로 실천해야 한다.

자기소개 잘하는 법

사회생활을 하다 보면 자기소개를 자주 하게 된다. 여러 가지 형태의 모임이나 행사에서 자기소개를 하는 사람들을 지켜보노라면 정말로 제각각이다. 친근하면서도 멋진 방법으로 자신을 소개하는 사람이 있는가 하면 어색하고 지루한 내용으로 인적사항만 나열하는 사람도 있다. 자기소개는 인간관계의 첫 단계에 해당되기 때문에 적절한 내용과 효과적인 방법으로 이뤄져야 한다. 자기소개를 잘 하려면 먼저 자기소개의 목적을 명확하게 인식해야 한다.

대인관계에서 자기소개의 목적은 사람들에게 나에 대한 기대감을 형성하기 위한 것이다. 즉 처음 만난 사람에게 다시 만나고 싶다는 마음, 인간관계를 유지하고 싶다는 마음을 형성시키는 것이 자기소개의 목적이다. 모임이나 단체에서는 나에 대한 관심과 호감을 높이는 것이고, 비즈니스 관계에서는 나에 대한 신뢰감을 형성하여 지속적인 관계가 유지되도록 만드는 것이다. 결국 자기소개의 궁극적인 목표는 다른 사람들에게 나와 함께 인간관계를 유지, 발전시키고 싶다는 마음을 형성시키는 것이다.

마케팅 용어 중에 셀링 포인트Selling point라는 말이 있다. 판매 소구점이라고도 부르는데, 제품이나 서비스가 가지고 있는 특징 또는 장점 중에 소비자의 구매 욕구에 부합되어 판매를 촉진시킬 수 있는 요소를 의미한다. 아파트 분양을 예로 들면 가격, 품질, 디자인, 브랜드, 안전성, 접근성, 편의성, 쾌적함 등 다양한 특징 중에서 경쟁 제품과 차별화되고 소비자의 구매욕구와 행동을 자극할 수 있는 가장 대표적인 핵심 특징이 셀링 포인트가 된다. 보통 다음과 같은 요소들이 아파트 분양의 셀링 포인트가 된다.

-분양가 20% 저렴
-지하철 및 대중교통 이용이 편리
-관리비가 적게 든다.
-녹지율이 높아 쾌적하다.

대인관계에서 자기소개를 한다는 것도 일종의 홍보요, 대인 마케팅이다. 따라서 자신을 강력하게 어필할 수 있는 셀링 포인트를 만드는 것이 매우 중요하다. 인간관계를 사회적 계약이라고 생각하면 나라는 상품에 대한 셀링 포인트가 분명해야 사람들로부터 구매행위가 일어나기 때문이다. 자기소개의 셀링 포인트는 전문성, 정보, 기회, 자원, 긍정적 정서, 꿈(비전)의 6가지 요소에서 찾을 수 있다.

적절한 셀링 포인트를 통해 기대감을 형성하면 올바른 자기소개법이고, 그렇지 못하면 올바른 소개법이라고 말하기 어렵다. 사회에서 자기소개를 할 때 일반적으로 이야기하는 항목에는 다음과 같은 것들이 있다.

1. 이름
2. 직업(회사, 업무, 꿈, 목표 등…)
3. 경력(고향, 출신학교, 모임, 단체, 사회활동, 경험 등…)
4. 개인적 특징(가족, 사는 곳, 나이, 성격, 기호, 취미, 특기, 별명, 습관, 좌우명 등…)
5. 기타 (참석 계기, 느낌, 의지 등)

자신의 이름으로 3행시를 짓거나, 별명을 말하거나, 유머를 활용하여 자신을 소개하는 것도 매우 좋은 방법이다. 그러나 아무리 재미있고 강한 인상을 남겨도 기대감이 형성되지 않으면 자기소개가 잘 이뤄진 것이라고 말하기 어렵다.

따라서 자기소개를 할 때는 기대감 형성에 도움이 안 되는 항목을 아무런 의미 없이 나열하지 않도록 조심해야 한다. 다음 문장을 참고로 여섯 가지 요소를 활용하여 자기소개 문안을 만들어 보라. 30초 이내로 짧게 기본 문장을 만들어 놓고 시간에 따라 조금

씩 소개 내용을 추가하면 된다.

1. 저는 대기업 CEO들을 대상으로 영어회화를 교육합니다. 그리고 외국 정상들이 내한할 때 동시통역을 담당합니다. 언제라도 영어나 영어공부에 관해 궁금한 점이 있으면 알려 주십시오. (전문성)

2. 저는 주식투자에 관심이 많은 ○○○입니다. 지난 3월, H 증권회사에서 주최한 실전투자 수익률대회에서는 1위를 하였습니다. 주식투자로 손해를 보신 분은 언제든지 제게 문의하십시오. 높은 수익을 올릴 수 있는 종목을 특별히 알려드리겠습니다. (정보)

3. 저는 종합병원에서 근무하고 있습니다. 가족 중에 긴급한 입원이나 수술을 받아야 할 상황이 발생하면 꼭 연락 주십시오. 성심껏 도와드리겠습니다. (기회)

4. 저는 롯데월드에 CS 사내강사로 근무하고 있는 ○○○입니다. 롯데월드에 오실 일이 있을 때는 꼭 저에게 연락주시기 바랍니다. 롯데월드 자유이용권을 50%씩 할인해 드리겠습니다. (자원)

5. A 회사에 다니는 OOO입니다. 잘하는 것은 별로 없지만 사람들과 어울리는 것을 무척 좋아합니다. 언제든지 술친구가 필요하

거나 함께 대화할 사람이 필요하면 24시간 부담 없이 연락주십시오. 바로 달려가겠습니다. (긍정적 정서)

6. 저는 S대학교 경제학과 4학년 OOO입니다. 저의 꿈은 세계적인 CEO가 되는 것입니다. 전문경영인으로 활동하고 빌 게이츠처럼 복지재단을 만들어 소외계층을 위한 사회사업을 펼치는 것이 제 목표입니다. (꿈)

기대감을 형성하는 여섯 가지 요소가 어떻게 자기소개 문안으로 활용될 수 있는지 살펴보았다. 취업이나 입학을 위한 면접을 볼 때, 영업사원이 고객을 처음 만났을 때, 신입사원이 첫 출근을 했을 때, 소개팅을 나갔을 때, 그 어떤 경우에도 마찬가지다. 상대방이 나에게 기대감을 가져야만 인간관계가 유지, 발전된다는 사실을 명심하고 기대감을 형성할 수 있는 자기소개에 관심과 노력을 기울여야 한다.

지금까지 나는 어떻게 자기소개를 해 왔는지, 그리고 앞으로 어떤 내용으로 자기소개를 할 것인지 고민해보라.

처음 만난 사람과 관계를 유지하는 법

"좋은 사람을 만나는 것은 신이 주는 축복이다. 그 사람과의 관계를 지속시키지 않으면 축복을 저버리는 것과 같다."

_미국 휴렉 팩커드 창업자, 데이비드 팩커드(David Packard)

가끔 내 인생에서 가장 소중한 사람들을 손꼽아 본다. 그리고 행복해 한다. 나는 축복받은 사람이다. 교육을 나가 강의 중에 즐겨 하는 말에 "만남은 인연이요, 관계는 노력"이라는 표현이 있다. 인생을 살아보니 좋은 사람 한 명을 만난다는 것은 하늘의 별 따기와 같다. 혹시라도 좋은 사람을 만났다면 하늘이 준 축복으로 생각하고 그 축복을 잘 간직할 수 있도록 열심히 노력해야 한다. 처음 만난 사람과의 관계를 지속시키려면 몇 가지 명심해야 할 것이 있다.

첫째, 인간관계는 인삼처럼 생각해야 한다. 인간관계는 쉽게 친해지지 않으며 좋은 인맥은 하루아침에 만들어지지 않는다. 5년, 6년 땀과 노력을 기울여 정성껏 재배하는 인삼처럼 인간관계를 꾸준하게 지속해야 한다.

둘째, 모든 사람을 친한 관계로 만들 수는 없다. 친해져야 할 사람과 어느 정도 알고만 지낼 사람을 구분하여 선택과 집중을 하는 것이 바람직하다. 친한 사람은 친한 사람대로, 약한 관계의 사람은 약한 관계대로 꾸준하게 지속하라.

셋째, 인간관계는 확률게임이다. 많은 사람을 만나면 그중에서 일부가 필이 통하고 코드가 통한다. 싫은 사람과 억지로 친해지려는 것보다는 차라리 새로운 사람을 많이 만나기 위해 노력하는 것이 좋다. 악연이 될 것 같은 사람과의 인연은 끊고 좋은 사람을 찾아라.

이 세 가지 사항을 명심하였다면 처음 만난 사람과의 관계를 이어나가는 방법에 대해 알아보자.

독일의 "슈테판 그로스"는 인간관계가 가까워지는 요인으로 "개인적 커뮤니케이션과 협력"의 2가지를 말하였다. 인간관계는 기본적으로 커뮤니케이션 관계다. 인간관계를 지속하려면 어떻게 커뮤니케이션을 할 것인지, 그리고 어떻게 협력할 것인지를 고민하면 된다.

첫째, 가장 좋은 것은 체험 공유다. 인간관계는 직접 만나서 얼굴을 마주보며 이야기를 나누는 것이 가장 빨리 친숙해지는 방법이다. 그러나 모든 사람과 직접 만나서 시간을 함께 보내는 것은 불가능한 일이다. 따라서 만나야 할 사람은 만나고 만나기 어려운 사람은 다른 방법을 선택해야 한다.

식사 & 술 : 직접 만나서 식사나 술을 함께 하는 것이다. 우리 사회에서 다른 사람과 친해지기 위해 하는 가장 일반적인 방법이다. 식사나 술을 하기 어렵다면 커피나 차를 마시며 이야기를 나눈다.

초대 : 테니스, 골프, 등산 등의 스포츠를 함께 하거나 여행, 공연, 교육, 세미나, 행사 등에 초대하는 방법이다. 내가 운영하는 페이스북 100인회에서는 매월 정기모임을 개최하는데, 기존 회원들이 새로 알게 된 사람들을 초대해 함께 참석하는 모습을 많이 보게 된다.

사업 : 일적으로 함께 할 부분이 있는 사람은 비즈니스를 추진한다. 제안, 제휴, 계약, 공동마케팅, 프로젝트 등을 함께 추진한다.

둘째, 일대일로 만나기 어려운 경우 협력이나 호의 제공을 통해 인간관계를 발전시키는 방법이다.

인간관계는 상호성이다. 내가 먼저 관심을 갖고 베풀어야 상대방도 나에게 관심을 갖는다.

선물 : 선물은 인간관계를 발전시켜 주는 가장 기본적이면서도 효과적인 방법이다. 모 건설회사의 S 대표는 매월 5,000여 권의 책을 주변에 선물로 보낸다고 한다. 예전에 필자가 다니던 회사의 임원도 명절 때마다 300여 명이 넘는 사람에게 김, 꿀 같은 선물을 보내는 모습을 본 적이 있다. 명절, 연말연시, 화이트데이, 발렌타인데이, 기념일, 승진, 전보, 개업, 창업 등에 선물을 하는 것이 좋다.

모임 : 새로운 사람을 만나면 그 사람에게 맞는 모임을 추천하는 방법이다. 경제단체 부회장을 맡고 있는 J부회장은 20여 개의 모임에 가입하여 다른 사람을 만나면 모임 가입을 권유한다고 한다. 나의 경우에도 좋은 인맥을 만나면 내가 운영하는 각계 인사 교류모임에 초청을 한다.

네트워킹 : 사람들끼리 서로 연결시켜 주는 방법이다. S 교수는 새로운 인맥을 만나면 기존에 알고 지내던 인맥 중에 서로 도움이 되거나 잘 어울릴 것 같은 사람을 네트워킹시켜 준다. 실제적인 도움도 제공하면서 개별적인 관계를 중첩적으로 만들 수 있는 방

법이다.

부탁 : 상황에 따라서는 부탁을 하는 것도 좋은 방법이다. 상대방이 부담을 느끼지 않을 쉬운 부탁을 요청하는 것이다. 상대방이 부탁을 들어 주면 답례를 하고 그런 과정을 통해 인간관계를 발전시킨다.

셋째, 모든 사람을 직접 만나는 것은 시간적, 공간적, 경제적 제약으로 인해 불가능하기 때문에 기기를 활용하여 효과적으로 커뮤니케이션 할 수 있는 역량이 점점 중요해 지고 있다. 커뮤니케이션의 방법으로는 다음과 같은 것들이 있다.

편지 : 13년 동안 자동차 판매왕으로 기네스북에 오른 미국의 조 지라드는 매월 13,000여 통의 편지를 썼다고 한다. 지금은 이메일을 많이 사용하지만 편지는 감성적인 커뮤니케이션을 주고받는 데 유용한 방법이다.

이메일 : 이메일은 인터넷의 발달로 가장 많이 사용되는 커뮤니케이션 방법이다. 네이버나 다음 같은 포털사이트의 주소록을 활용하거나 오즈메일러 같은 이메일 전송 전문사이트를 활용하면 효과적으로 이메일을 발송할 수 있다.

전화 & 휴대폰 : 휴대폰은 언제 어디서나 커뮤니케이션이 가능하다. 지금은 전 국민이 휴대폰을 가지고 있다고 해도 과언이 아닌 시대에 살고 있다. 인간관계를 유지하는 가장 유용한 방법으로 휴대폰을 추천하고 싶다.

문자 메시지 : 문자 메시지는 인맥관리에 있어서도 가장 일반적인 방법으로 활용되는 커뮤니케이션 방법이다. 최근 언론기사에 의하면 문자 메시지가 가족관계를 증진시켜 준다는 조사결과도 있다.

인터넷 : 인터넷에서 카페, 블로그, 미니홈피를 통해 커뮤니케이션을 주고받을 수 있다. 또는 트위터, 페이스북 같은 인맥관리 사이트에 초대해 연락을 주고받을 수도 있다.

인간관계를 지속하는 것은 생각처럼 쉽지 않다. 다양한 사람들과 인간관계를 발전시키려면 자신만의 노하우를 개발하는 것이 무엇보다 중요하다. 나의 경우를 보면 다음과 같다.

- 새롭게 만난 사람 중에 관계를 지속하고 싶은 사람은 휴대폰에 "새인맥" 그룹으로 저장한다.
- 만난 지 1~2일 이내에 문자 메시지, 전화로 안부를 전한다.
- 다음으로는 만난 날(D)로부터 D+1주일, D+3주일, D+2달이 경과했을 시기에 문자나 전화를 한다.

- 이 시기가 지나면 1년에 4~6차례 정도의 문자 메시지만 보낸다.
- 조금 더 친해지고 싶은 사람에게는 내 책을 보내준다. 문자 메시지로 주소를 보내달라고 하며 이 과정에서 몇 번의 연락을 주고받고 나에 대해 각인을 시킨다.
- 상대방의 성향과 지위에 따라 내가 주관하는 모임에 초대한다. 다음카페 푸른고래를 찾아서, 페이스북 100인회 모임, 행성인 모임, 각계 인사 교류모임 등에 초대한다.
- 직접 만날 필요가 있는 사람은 전화를 하여 약속을 잡는다. 대부분 점심 약속이나 가볍게 차를 마시며 대화한다.
- 비즈니스를 함께 할 수 있는 사람은 공동의 프로젝트를 추진한다.
- 내 인생에서 소중한 사람, 지난 1년간 고마웠던 사람들에게는 명절에 선물을 보낸다.

글을 쓰며 생각해 보니 좋은 사람은 정말로 큰 축복이다. 그러나 사회생활을 하다 보면 좋은 사람과의 관계를 지속시키지 못하고 저버리는 경우를 많이 보게 된다. 앞으로 좋은 사람을 만나면 하늘이 내려 준 축복이라는 것을 명심하고 관계가 지속되도록 노력해보자. 그 방법은 제각각 달라지겠지만 아래 질문에 자신 있게 대답할 수 있으면 된다.

"지금 나를 하늘이 내려 준 축복으로 생각하는 사람이 있는가?"

"다른 사람이 나를 하늘이 내려 준 축복으로 생각하게 하려면 어떻게 해야 할까?"

문자 메시지 잘 보내는 법

직장인들이 인맥관리나 인간관계를 유지하기 위해 가장 많이 활용하는 방법이 문자 메시지라는 조사결과가 신문기사로 보도된 적이 있다. 전 국민이 휴대폰을 가지고 있다시피 한 현실이니만큼 문자 메시지는 가장 효과적인 연락 방법이다.

그러나 문자 메시지를 지나치게 남발하여 스팸으로 보내는 경우가 많은데 이는 바람직하지 않다. 문자 메시지도 커뮤니케이션의 하나로 생각하고 상대방에 대한 예의와 매너를 지켜야 한다.

문자 메시지를 잘 보내려면 "나를 기억해 주세요" "나를 잊지 마세요" 같은 자기중심적인 차원의 형식적인 안부 문자를 보내지 말아야 한다. 진심 어린 관심을 가지고 상대방에게 도움이 되는 내용, 상대방의 마음에 닿을 수 있는 내용을 보내는 것이 중요하다. 문자 메시지를 잘 보내는 방법을 알아보자

1. 이름

문자 메시지는 단체공지처럼 필요한 경우를 제외하고는 반드시 일대일, 개인적으로 보내는 것을 습관화해야 한다. 첫머리에 문자를 받는 상대방의 이름, 직함 등을 쓰고 마지막에 자신의 이름을 적는다.

"김 대표님, 어제 잘 들어가셨는지요? 오랜만에 뵙게 되어 정말 즐거웠습니다. 빨리 다시 뵙고 싶네요. 건강하시고 행복하십시오. 양광모."

"현근아~ 취업준비로 한창 바쁘겠구나. 중요한 시기니만큼 건강관리 신경 쓰고 열심히 노력해서 꼭 원하는 곳에 취업하길 바란다. 화이팅! 광모형"

"선영아~ 얼굴 못 본 지 한참 됐네. 새로 입사한 회사에 적응하느라 고생 많지? 멀리서 힘차게 응원한다. 홍선영 만세! 양광모"

2. 명언

좋은 명언을 문자 메시지로 보낸다.

"진리란 언제 어디서고 그것이 처음 나타났을 때 진리로서 승리한 적은 거의 없었다.

- 존 로크"

"실패란 쓰러지는 것이 아니라 넘어진 자리에 머무는 것이다.

- 메리 포픽"

"인생이란 다른 계획을 세우느라 분주한 동안 슬그머니 일어나는 일.

-존 레논"

3. 유머
재미있는 이야기를 문자 메시지로 보낸다.
"부모님은 왜 우리를 사랑하실까요?"정답은"그러게나 말입니다"
"화장실이 어디예요?"를 중국말로 하면? 정답은"워따똥싸!"
"사람의 소원을 들어주는 음식은? 정답은 죽!"

4. 유익한 정보
상대방에게 도움이 될 수 있는 정보를 문자로 보낸다.
"성인은 하루에 물을 2리터 이상 마셔야 한다고 합니다. 따뜻한 차 많이 드세요."
"서울시청광장에서 5월 8일 저녁에 무료콘서트가 개최된다고 합니다. 가족과 함께 즐거운 시간을 가져 보세요."
"치명적인 신종바이러스가 확산되고 있다고 합니다. 메일 열어 보실 때 주의하세요!"

5. 안부

상대방의 안부에 대한 관심을 문자 메시지로 보낸다.

"잘 지내시죠? 제가 축하할 일, 위로할 일, 도움이 필요한 일이 있으면 언제든지 알려주세요!"

"몸은 좀 어떠세요? 아직 감기 안 나으셨으면 병원 꼭 다녀오시고 약 챙겨 드세요."

"해외출장 잘 다녀오셨나요? 시차적응 잘 하시고 시간 되는 대로 한번 봬요."

6. 호의 표현

상대방에 대한 호감을 문자로 보낸다.

"자주 뵙지는 못하지만 하시는 일 번성하시길 언제나 진심으로 기원 드리고 있습니다."

"아직 뵙지는 못했지만 기회가 되면 꼭 한번 뵙고 싶습니다. 그런 영광을 주실 수 있으실까요?"

"지난번에 뵙게 되어 정말 기뻤습니다. 앞으로 도움이 될 수 있는 사람으로 남고 싶습니다."

7. 소식

최근에 나의 심정, 나에게 있었던 일, 나의 근황을 문자로 보낸다.

"저는 요즈음 슬럼프에 빠진 듯 합니다. 힘내라고 문자 한 번 보내주세요!”

“어제 지하철에서 졸다가 내려야 할 역에서 세 정거장이나 지나쳐 버렸어요. 웃기죠?^^”

“제 고등학교 때 별명이 미친털이었어요. 이번 달부터 신규프로젝트를 맡아 미친 듯 일하고 있습니다.”

8. 감성적인 표현

문자 메시지의 내용을 딱딱하지 않게 감성적인 표현으로 보낸다.

“가을 하늘이 에메랄드빛처럼 더 파랗습니다. 잠시 일을 멈추고 파란 하늘 바라보며 따스한 차 한잔 마시는 여유로운 시간되시길 바랍니다.”

“어느덧 계절이 바뀌어 겨울의 문턱이네요. 따끈한 국물에 소주가 생각나면 언제든지 연락주세요.”

“벌써 하루해가 저물어가네요. 피곤하지 않으세요? 얼른 퇴근하셔서 맛있는 저녁 드시고 사랑하는 가족과 행복한 시간되세요.”

9. 이모티콘 사용 및 사진 첨부

문자 메시지를 보낼 때 글만 보내지 말고 이모티콘을 함께 사용하거나 사진을 첨부하면 신선한 느낌, 정성이 담긴 느낌을 줄 수 있다. L대표는 문자 메시지를 보낼 때 항상 꽃 사진을 함께 보내온다. 예쁜 꽃을 보면 기분이 상쾌해지고 다른 문자 메시지를 받을 때와는 차별화된 느낌을 받게 된다.

10. 그냥(질문)

가장 좋은 친구는 "그냥" 친구고 가장 좋은 문자 메시지는 "그냥" 보내는 문자 메시지다.

관리 차원에서 보내는 정기적, 목적 의식적인 문자 메시지가 아니라 상대방에 대한 순수한 관심과 호감에서 비롯되는 "그냥" 문자 메시지가 가장 좋다.

"문득 집에 가다 생각나서 문자 보냅니다. 만남은 인연이고 관계는 노력이라는데 제 노력이 많이 부족한 것 같네요. 그래도 항상 마음속에 담아두고 있습니다."

"어떻게 지내세요? 갑자기 무척 보고 싶네요."

"별일 없지? 그냥 소식 궁금해서."

인간관계는 기대하는 대로 발전한다

래스 기블린이 쓴 『상대방을 사로잡는 대인관계술』에 보면 다음과 같은 일화가 소개되어 있다.

"대학 시절, 나는 사람들을 잘 사귀는 친구와 함께 다니며 원만한 대인관계를 유지하는 방법을 배웠다. 그는 전혀 모르는 이성에게도 말을 잘 걸었고 불과 2분도 채 안 되어 오랜 친구처럼 웃으며 대화를 나누기도 했다. 그러나 그 누구도 그러한 행동을 두고 뻔뻔하다고 말하지 않았다. 오히려 그가 대담하게 접근해 오는 것을 기뻐하는 것 같았다. 어느 날, 나는 그 친구에게 비결을 물어보았다. 그런데 그 친구의 대답은 매우 간단했다.

'상대방이 나를 좋아하게 될 거라고 믿는 거야.'

래스 기블린은 이 사례와 함께 '상대방은 내가 원하는 대로 행동할 것이라는 암시보다 더욱 강력한 힘은 없다'는 A. E 위컴 박사의 말을 인용하며 대인관계의 원칙을 다음과 같이 정리하고 있다.

* 상대방이 우호적으로 대해 줄 것이라는 생각을 갖고 행동하라.
* 상대방이 틀림없이 당신을 좋아하게 될 것이라는 자신감을 갖고 대화하라.
* 거울 앞에서 하는 것처럼 상대방은 당신의 태도를 그대로 반영시킨다는 사실을 명심하라.

고등학생 시절, S라는 친구가 있었다. 고등학교 3학년 여름방학이 시작되자 S와 나는 여행을 떠났다. 처음에는 대관령에서 방학 동안 목동牧童 생활을 할 생각이었다. 그러나 생각지 못했던 차질이 생겨 우리는 경춘선을 따라 무전여행을 하는 것으로 계획을 변경하였다.

첫째 날 강촌역을 시작으로, 가평, 청평, 대성리에서 각각 1박을 하며 텐트를 치고, 수영을 하고, 라면을 끓여 먹으며, 하루하루 즐거운 시간을 보냈다. 그때 가장 신기하게 느꼈던 일이 바로 S의 대인관계 능력이었다. 그는 모든 여행지에서 새로운 사람들을 사귀었는데 초등학생, 중학생, 고등학생, 대학생, 일반인에 이르기까지 남녀노소 구분 없이 다양한 사람들과 너무나 쉽게 어울렸다. 낯선 사람들과 몇 마디 인사를 주고받으며, 함께 사진 촬영을 하고, 쌀과 반찬을 얻어 오고, 다른 일행의 캠프파이어에 어울리고, 심지어는 상당한 액수의 여비까지 빌려오곤 하였다. 나는 처음 만나는 사람들과 친밀한 관계를 형성해 가는 S의 능력이 그저 놀라울 뿐이었다. 그는 지금 뉴질랜드에서 가장 큰 규모의 이민 알선업체를 운영하고 있다.

레스 기블린의 설명과 마찬가지로 S 또한 사람들이 자신을 좋아하고 우호적으로 행동해 줄 것이라는 기대와 확신을 갖고 행동했던 것이라 짐작된다.

이처럼 성공적인 인간관계를 위해서는 상대방에게 기대감을 갖는 것이 중요하다. 영업사원과 고객과의 관계도 마찬가지다. 내가 아는 사람 중에 5년째 자동차 최고판매왕에 오른 P가 있다. 언젠가 모임에서 만났을 때 영업을 잘하는 비결을 물었더니 다음과 같은 대답을 들려 준다.

"영업을 잘하려면 고객을 만났을 때 반드시 계약을 체결해 줄 것이라는 믿음을 가져야 합니다. 첫 번째 이유는 그런 기대감이 있어야만 영업사원 스스로 확신을 가지고 고객을 설득할 수 있기 때문입니다. 두 번째 이유는 사람은 타인의 기대를 받으면 심리적인 부담을 느끼고 가급적 그 기대에 부응하는 방향으로 행동하게 됩니다. 영업사원이 고객에게 강한 기대감을 나타낼수록 고객은 기대하는 대로 행동할 가능성이 더욱 높아지는 것입니다."

자동차 판매왕 P가 말하는 것처럼 영업에도 피그말리온 효과, 그리고 자기이행적 예언 효과가 똑같이 적용된다. 고객에게 기대감을 가지면 영업사원의 행동이 변하고, 영업사원의 행동이 변하면 다시 고객의 행동이 변하고, 결국 마지막에는 영업사원이 기대하는 행동을 나타나게 된다. 단순하게 생각해봐도 계약을 체결해 줄 것이라고 기대하며 상담하는 것과 계약을 체결하지 않을 것이라고 생각하며 상담하는 것은 큰 차이가 있기 마련이다. 따라서 영업을 잘하려면 고객에게 기대감을 갖는 것이 중요하다. 그리고 그런 기대감을 자연스럽게 전달해야 한다.

결국 인간관계를 좌우하는 것은 기대감이다. 교사가 학생에게 갖는 기대감, 부모가 자녀에게 갖는 기대감, 상사가 부하직원에게 갖는 기대감에 따라 인간관계가 달라진다. 비즈니스 인맥도 마찬가지다. 사회에서 만난 사람들과 좋은 관계를 형성하고 싶으면 상대방에게 기대감을 가져라. 인간관계는 기대하는 대로 발전된다.

CHAPTER 4

공감

내 일처럼 기뻐하고 내 일처럼 슬퍼하라

통하는 사람이 되라

위는 말문이 막혔다. 살얼음판을 걷는 느낌이다. 아내의 표정을
보니, 얼음판에 금이 가고 있는 것 같다. 이대로 하면 곧 얼음이
깨질 것이다.

그는 대화 주제를 바꾸었다. 자신이 회사에서 처해 있는 어려움에
대해 이야기했다. 차장으로 승진했는데 프로젝트 1팀으로 발령
나는 바람에 딜레마에 빠졌다고 설명했다. 기획실로 돌아가자니
1팀 해체를 그냥 볼 수 없고, 그래서 1팀을 돕고는 있지만 잘못되
면 회사에서 쫓겨날지도 모른다고 털어놓았다.

아내의 표정을 종잡을 수가 없다. 공감하는 것 같기도 하고, 자기
와는 상관없다는 것 같기도 하였다. 아내가 시계를 보았다. 그만
일어서겠다는 뜻인 것 같다.

그는 일어서는 아내를 좇아 커피전문점 밖으로 나왔다. 이렇게 헤
어지는 것이 답답하기만 하다. 끊어진 감정의 소통을 다시 이어줄
무엇인가가 있을 것만 같은데. 아내의 팔을 잡으려고 손을 내밀다

가 포기하고 말았다.

인간관계 발전의 세 번째 단계는 공감 형성 단계다. 커뮤니케이션을 통해 얼마나 공감이 형성되느냐가 관계의 깊이와 속도를 결정짓는다. 공감 형성이 많으면 빨리, 많이 발전되고 공감 형성이 적으면 천천히, 적게 발전된다.

공감은 통하는 것이다. 말, 생각, 감정이 통하면 공감이 형성된다. 세상에서 가장 좋은 사람은 통하는 사람이다. 눈빛만 봐도 통하는 사람이 있는가 하면 백날을 이야기해도 못 알아듣는 사람이 있다. 공감하면 이해할 수 있고, 상대방이 필요로 하는 것을 배려할 수 있다. 공감이 안 되면 오해가 생기고, 내 생각대로 배려하게 된다. 공감은 인간관계에서 커뮤니케이션의 궁극적인 목표다.

공감은 크게 3가지가 통하는 것이다.

1. 말

저녁을 먹는데, 아이들끼리 말싸움이 붙었다. 큰 놈이 작은 놈에게 말한다.

"즐."

이게 무슨 말인가 궁금해 하는데 작은 놈이 큰 놈에게 말한다.

"헐"

도대체 알아들을 수가 없다. 아이들에게 물어보니 인터넷 용어라 대답한다. 한참을 시끄럽더니 어느새 닌텐도 게임에 대해 저희들끼리 의논이 분주하다. 한마디도 알아듣기가 어렵다. 소위 말이 안 통하는 것이다.

한 남성 사업가가 어떤 여성과 이야기를 나누게 되었다. 대화의 주제가 취미로 옮겨져 자신의 골프 실력을 자랑하고 싶어 다음과 같이 말하였다.

"혹시 골프 좋아하십니까? 저는 싱글입니다."

이 말을 들은 여성은 수줍은 미소를 짓더니 다음과 같이 대답하였다.

"죄송합니다. 저는 이미 결혼했답니다."

이 대화를 읽고 있는 독자 중에 무슨 뜻인지 모르는 분이 있다면 역시 말이 통하지 않는 것이다. 공감 형성의 첫 번째는 먼저 말이 통해야 한다.

2. 생각

노무현 대통령 시절에 유행했던 말로 '코드인사'라는 단어가 있다. 생각이 통하는 사람들에게 정부 요직을 맡긴다고 해서 나온 말이다. 생각이 통하면 공감이 형성되고 생각이 다르면 오해가 생긴다.

오래전, 어느 어린이날에 생긴 일이다. 아들과 함께 집 근처에 있는 공원에 갔다. 여기저기서 어린이날 행사로 시끌벅적했다. 어린이집에서 개최하는 노래자랑 대회를 구경하는데, 아들이 집에서 자전거를 가져 와 타고 싶다고 한다. 그렇게 하라고 허락을 하고 여기저기 거닐다 벤치에 앉아 있었다. 잠시 후에 휴대폰이 울렸다.

"아빠, 저 지금 자전거 타고 갈 건데요. 어디에 계세요?"

"응. 공원에 공연하는 곳 있지? 그 앞에 벤치에 앉아 있으니까 그리로 오렴."

10분이 지나고, 20분이 지나고, 30분이 지나도 도착하지 않는다. 슬슬 걱정이 되기 시작했다. 집으로 전화해도 받지를 않고 여기저기 둘러봐도 아들의 모습이 보이지 않는다. 40여 분이 더 지났을 때쯤 아들의 성난 목소리가 들렸다. 뒤를 돌아보니 이미 울기 시작이다.

"왜 여기 있는 거야? 공연장으로 오라고 했잖아. 여태 거기서 찾아다녔단 말야. 엉엉엉….."

아차 싶었다. 생각해보니 공원 한쪽 편에 상설공연무대가 있는데, 공원에 나오면 우리 가족은 그쪽에서 주로 시간을 보냈었다. 전화통화를 하면서 "어린이날 기념 노래자랑 공연"을 하는 곳으로 오라고 말한 것인데, 아이는 상설공연장으로 알아듣고 그쪽에서 나를 찾아 헤맸던 모양이다. 생각이 통하지 않으면 오해가 생긴다.

골프 솜씨가 싱글이라고 자랑하려던 사업가가 머쓱함을 무릅쓰고 여성에게 말을 한다.

"어느새 골프도 대중스포츠가 되었어요. 많은 사람들이 쉽게 이용할 수 있도록 골프장을 더 많이 만들면 좋겠다고 생각합니다."

이 말을 듣고 난 여성이 화를 내며 다른 말을 하기 시작한다.

"저는 조금 다르게 생각합니다. 우리 사회에는 아직도 점심을 못 먹는 결식아동이 20만 명을 넘는다고 합니다. 그리고 골프장 하나를 만드는 과정에서 환경파괴가 심각하게 이뤄진다고 들었어요. 더이상 골프장을 만들게 아니라 현재 있는 골프장도 줄여야 한다고 생각해요."

이처럼 생각이 다르면 통하지 않고 공감이 형성되지 않는다. 공감 형성의 두 번째는 생각이 통해야 한다.

3. 감정

공감 형성에서 가장 중요한 것은 감정이 통하는 것이다. 상대방의 감정을 잘 헤아려서 이해할 수 있어야 공감이 형성된다. 내 마음, 내 기분을 잘 알아주는 사람이 공감을 잘하는 사람이다.

휴먼네트워크연구소 교육과정 수료생들에게 선물할 꽃다발을 사기 위해 꽃집에 들렀다. 여주인이 아들로 보이는 사내아이와 무언가 진지하게 이야기를 나누고 있다. 가게 안을 둘러보니 마침 적당한 크기의 꽃다발이 눈에 들어왔다.

"이 꽃다발 얼마죠?"

"4만 원입니다."

"우리 동네에서는 3만 원이면 사는데…."

이 말을 들은 여주인이 무엇이라고 대답했을 것 같은가?

다음과 같이 대답했다.

"그러면 그 집 가서 사세요!"

나는 아무 말도 하지 않고 그 집을 나와 다른 꽃집을 찾아 나섰다. 그리고 다른 꽃집에 가서 비슷한 수준의 꽃다발 5개를 샀다. 가격은? 역시 4만 원. 가격은 중요하지 않았다. 중요한 것은 내 감정을 이해해 주느냐였다.

만약 첫 번째 꽃집의 여주인이 조금이라도 공감력이 뛰어난 사람이었다면 이렇게 말했을 것이다.

"가격이 조금 비싸게 느껴지시나 봐요. 사실 요즈음 꽃값이 많이 올랐답니다. 저도 싸게 드리고 싶은데 아쉽네요. 그리고 꽃은 어떻게 포장하느냐에 따라 가격이 달라지기도 합니다. 제가 특별히 신경 써서 아주 예쁘고 멋지게 포장해 드릴게요."

이런 말을 들었다면 틀림없이 나는 그 꽃집에서 꽃다발 5개를 구입하였을 것이다. 그러나 그 여주인은 자신의 감정만 중요하게 생각했을 뿐 고객이 느끼는 감정에는 아무런 관심도 공감하려는 노력도 없었다. 이런 식으로는 절대로 고객의 마음을 사로잡을 수 없다.

골프를 주제로 말을 꺼냈던 남성 사업가가 여성에게 변명을 하기 시작한다.

"맞습니다. 골프가 가진 장점도 많지만 방금 말씀하신 것처럼 소외계층 문제나 환경 문제를 생각하면 골프를 즐기는 것도 조심스러운 일이죠. 저도 말씀하신 의견에 동의합니다. 그런데 제가 사업을 해보니 대한민국에서 골프를 못 치면 비즈니스를 하기가 어렵더군요. 저도 사업 때문에 어쩔 수 없이 골프를 치러 다닌답니다."

이 말을 듣고 난 여성이 다시 흥분하며 말한다.

"글쎄요. 제가 듣기에는 핑계 같네요. 모두 자기들이 골프를 좋아해서 치는 거죠. 비즈니스 때문에 억지로 친다는 말은 변명이라고 생각해요."

옳고 그르고를 떠나서 이렇게 말, 생각, 감정이 통하지 않으면 인간관계는 가까워지기 어렵다. 사람은 자신의 마음을 잘 알아주는 사람에게 마음을 열기 마련이다.

다른 사람의 마음을 얻으려면 그 사람과 말, 생각, 감정이 통하라. 커뮤니케이션을 할 때는 항상 말, 생각, 감정이 통하도록 노력하라.

공감은 인간관계에 대한 신념이다

텔레비전을 보니, 대통령이 전통시장을 방문해 어묵을 먹었다는 뉴스가 흘러나온다. 정치적 쇼에 불과하다는 의견도 있지만 불가피한 제스처라고 생각한다. 국정 최고책임자로서 국민들의 삶을 이해하고, 국민들의 애환에 대해 함께 공감대를 형성할 수 있는 긍정적 측면이 있을 것이다. 다만, 국민을 현혹시키고 친서민적 이미지를 홍보하기 위한 수단으로 악용되는 일은 피해야 할 것이다.

오래전 대권주자로 불리는 정치인 J의원의 발언이 인터넷 게시판을 뜨겁게 달군 적이 있다. 당시 한나라당 대표 최고의원 경선 토론회가 열리고 있었는데, 경쟁 후보가 버스요금에 대해 질문하자 황당한 답변을 한 것이다. 내용은 이렇다.

경쟁 후보 : 버스 기본요금이 얼마인지 혹시 알고 계십니까?

J 의원 : 굉장히 어려운 질문인데요. 요즘 카드로 타죠? 한 번 탈 때 70원 하나요?

경쟁 후보 : 천 원입니다.

J 의원 : 천 원? 버스 종류가 여러 가지 있는 거 아닌가요?

경쟁 후보 : 기본료는 천 원입니다.

이 소식을 접한 수많은 네티즌과 국민들이 J의원의 발언을 비난하였다. 서민을 위해 일한다는 사람이, 서민이 어떻게 생활하는지도 모른다는 사실에 대한 분노와 한탄의 목소리였다. 정치는 민의를 쫓는다는 말처럼 국민의 정서와 함께 움직이는 것이다. 지나친 포퓰리즘도 경계해야 되지만, 국민의 마음을 공감하지 못하는 정치 또한 매우 위험한 일이다.

역사는 국민의 마음과 유리된 정치가 어떤 종말을 맞이하게 되는지 분명하게 보여주고 있다. 16세기 무렵, 루이 16세 시대의 프랑스 국민은 국가적인 재정위기와 잇따른 흉년으로 극심한 기근에 시달리고 있었다. 이들은 국민의회를 결성한 후 국왕과 귀족들을 향해 "빵을 달라"고 요구하였다. 그러자 루이 16세의 부인 마리 앙투아네트는 이렇게 말했다.

"빵이 없으면 고기를 사 먹으면 되지 않느냐?"

이 말을 들은 파리 시민들의 분노는 활화산보다 뜨겁게 폭발했다. 1789년 7월 14일, 파리의 성난 민중들은 바스티유 감옥을 습격하며 프랑스 혁명을 일으켰다. 루이 16세와 마리 앙뜨와네트는 결국 단두대의 이슬로 사라지고 말았다. 국민의 삶과 생각을 미처 공감하지 못한 대가였다. 그런데 공감의 문제는 비단 정치인들에게서만 목격되는 것은 아니라는 것이다. 힐튼 호텔의 억만장자 상속녀, 패리슨 힐튼은 종종 다음과 같은 망언으로 사람들의 비난을 자초하였다.

"사람들이 돈을 벌기 위해 일하는 줄 몰랐다."

"공짜 급식소가 뭐예요?"

"영국 사람들은 죄다 평범한 이름을 갖는 것 같네요. 이곳에서는 그런 게 통하나 보죠?"

사람들이 일하는 이유가 돈을 벌기 위해서라는 사실을 몰랐다는 그녀. 단순히 공감의 문제를 넘어, 타인에 대한 관심과 배려가 너무 부족한 말이라고 생각한다. 시쳇말로 "싸가지" 없는 말과 행동인 것이다. 사람은 더불어 사는 사회적 존재다. 우리의 삶은 공감을 통해 한층 따뜻하고 아름다워진다. 타인의 기쁨을 함께 기뻐하고, 타인의 슬픔을 함께 슬퍼해 주는 공감이 우리의 삶을 훈훈하고 풍요롭게 만들어 준다.

영화감독 장진의 메모장에는 이런 내용이 적혀 있다고 한다. '도착해보니 지옥이었다. 여기까지 오는 동안 너무나 많은 추월을 했다.' 삶의 목적은 속도가 아니라, 방향이다. 잠시 질주를 멈추고 가족이나 친구, 주변 사람들과 마주 앉자. 그리고 함께 대화를 통해 공감을 나눠보자. 공감은 단순한 커뮤니케이션 기술이 아니라 올바르고 가치 있는 삶을 살겠다는 신념이요, 인간관계에 대한 따뜻한 가치관이라는 사실을 기억하자.

가까운 사이일수록 낮은 공감 정확도의 비밀

미국 오프라 윈프리Oprah Gail Winfrey는 공감력이 뛰어난 대표적인 인물이다. 토크쇼의 여왕, 영화배우, 아프리카계 미국인 최초의 억만장자, 하포 엔터테인먼트 그룹 대표, 이 모두가 오프라 윈프리를 가리키는 말이다.

그녀가 거둔 화려한 성공과 뜨거운 인기의 비결이 뛰어난 공감력 때문이라는 점은 누구나 인정하고 있는 사실이다. 그녀 또한 "듣는 것이란 귀를 이용하여 다른 사람들의 마음과 소통하는 것입니다. 말을 잘하기보다 타인의 말을 잘 듣는 태도가 나의 성공 비결입니다." 라고 말하고 있다. 오프라 윈프리의 탁월한 공감 능력을 알려 주는 일화가 하나 전해진다.

방송계에 갓 입문해 현장 리포터로 활동하던 오프라 윈프리가 화재사건에 취재를 나가게 되었다. 현장에 도착해보니 건물은 모두 불에 타버렸고, 자식을 잃은 부모가 슬픔에 잠겨 눈물을 흘리고 있었다. 오프라 윈프리는 마이크를 들이대고 화재 경위나 현재

의 심정을 묻기는커녕 그들을 가슴에 끌어안은 채 이렇게 위로의
말만 건넸다.

'지금 당신들의 심정이 어떤지 이해합니다. 아무 말 안 해도 돼
요."

이렇게 순수하고 깊은 공감이 있었기에 그녀는 사람들의 마음
을 사로잡으며 성공과 인기를 손에 넣을 수 있었다. 방송에 출연
한 사람들을 얼싸안고 함께 눈물을 흘리는 공감 능력이 없었다면
지금과 같은 성공은 절대로 불가능했을 것이다.

과학자들의 연구에 의하면 감정이입이 천성적으로 잘 되는 사
람은 몇 가지 특징을 지니고 있다. 그들은 다른 사람의 버릇, 자세,
얼굴 표정을 자동적으로 그리고 무의식적으로 모방한다. 과학자
들은 이런 현상을 '카멜레온 효과'라고 이름 붙였다. 이렇게 감정
이입이 뛰어난 사람들은 타인의 행복과 불행을 마치 자신의 것인
양 공감한다. 그 사람과 똑같이 기뻐하고, 똑같은 슬픔의 감정을
느낀다. 방송을 지켜보면 오프라 윈프리의 모습에서 쉽게 카멜레
온 효과를 발견할 수 있다.

사람은 누구나 공감을 원한다. 사업 관계로 술자리가 많은 남편
은 아내의 공감을, 영업실적이 저조한 부하직원은 상사의 공감을,
연인과 헤어져 슬픔에 잠긴 사람은 친구들의 공감을 원하고, 나는
이 책에 대한 여러분의 공감을 원한다. 공감은 사전에서 설명하는
정의에 의하면 '타인의 사고思考나 감정을 자기의 내부로 옮겨 넣

어, 타인의 체험과 동질同質의 심리적 과정을 만드는 일'이다. 이보다 약간 쉬운 설명으로는 '남의 감정, 의견, 주장 따위에 대하여 자신도 그렇다고 느낌. 또는 그렇게 느끼는 기분'이다. 결국 공감은 통하는 것이다. 우리는 자신의 생각과 감정을 잘 공감해 주는 사람과 친밀한 관계로 발전된다.

심리학자 대니얼 골먼은 사회적 리더가 갖춰야 할 능력으로 공감 지능을 강조했다. 공감은 성공적인 사회적 관계를 위해서도 반드시 필요한 조건인 셈이다. 그런데 우리는 어떻게 타인의 생각과 감정을 공감할 수 있는 것일까?

이탈리아 파르마 대학 자코모 리촐라티Giacomo Rizzolatti 박사 연구팀은 원숭이 뇌 속의 행동 뉴런에 전극을 꽂아 활동을 모니터하였다. 원숭이가 접시 위에 놓인 땅콩을 집으려 할 때마다 특정 뉴런이 반응했는데, 갑자기 예상치 못한 현상이 나타났다. 우연히 실험자가 땅콩을 집어 들었더니 이를 지켜보던 원숭이의 뇌에서 동일한 뉴런이 활동한 것이다.

리촐라티 박사는 몇 가지 실험을 추가로 진행하였다. 그 결과, 다른 사람의 행동을 보는 것만으로도 자신이 똑같은 행동을 하는 것처럼 공감을 불러일으키는 세포가 인간의 뇌 속에 있다고 결론 지으며 그것을 '거울 뉴런'이라 불렀다. 다른 사람이 웃거나 우는 모습을 볼 때, 거울 뉴런은 우리 자신이 웃거나 우는 것과 똑같이 반응한다. 다른 사람이 하품을 할 때 무의식적으로 따라 하는 것도 거울 뉴런의 반응 때문이라고 한다. 인간관계에서 타인에 대한 감정 이입과 공감이 가능한 것도 바로 거울 뉴런의 존재 때문이다.

그런데 공감력은 사람과 상황에 따라 달라진다. 미국 하버드 대학 하워드 가드너 교수는 다중지능이론을 통해 사람에게는 음악지능, 신체운동지능, 논리수학지능, 언어지능, 공간지능, 인간친화지능, 자기성찰지능, 자연친화지능, 실존지능 등이 존재한다고 말했다. 그리고 각각의 지능은 사람에 따라 서로 다르게 나타난다고 주장했다. 여기서 말하는 인간친화지능은 대인관계지능으로도 불리며 다른 사람들과 잘 어울리는 사교적 능력을 의미한다.

사교적 능력에는 자신의 생각과 감정을 타인에게 잘 전달할 수 있는 능력, 타인의 생각과 감정을 잘 파악할 수 있는 능력이 포함된다. 후자의 능력이 우리가 지금 다루고 있는 공감 능력이다. 타인의 눈빛과 표정, 몸동작, 말투, 단어와 문장 표현 등을 통해 상대방의 생각과 감정을 정확하게 파악하는 능력을 의미한다.

학자들의 연구에 의하면 3살 미만의 어린아이에게는 '공감 능력'이 없는 것으로 알려져 있다. 다른 사람의 마음을 헤아리는 사회적 뇌의 기능이 아직 발달하지 않았기 때문이다. 사회성을 좌우하는 뇌 기능은 전전두엽의 일부인 안와전두엽, 전측대상, 편도핵 등에서 이뤄지는데, 이곳에서 다른 사람들의 말과 행동을 인지하여 거기에 수반된 감정을 읽고 적절한 사회적 행동을 하게 된다.

사회적 뇌는 3~7세까지 가장 많이 성장하며 그 이후에는 거의 발달되지 않기 때문에 성인의 경우 공감력을 향상하려면 각별한 노력이 필요하다.

미국 텍사스대 윌리엄 이케스 교수는 타인의 생각과 감정을 추측해 내는 정도를 '공감 정확도'(empathic accuracy)라고 지칭하였다. 그리고 공감 정확도에 결정적인 기여를 하는 것은 상대방에 대한 '사전 정보의 양'이라 설명하였다.

흔히 오래된 친구, 직장동료, 부부관계에서는 서로에 대해 알고 있는 정보가 많기 때문에 공감 정확도가 높을 것이라 판단할 수 있다. 그런데 이런 생각과는 정반대로 부부들의 공감 정확도가 일반적인 대인관계보다 낮다는 실험결과가 발표되었다.

뉴질랜드 심리학자 지오프 토머스는 캔터베리 지역에 살고 있는 부부들을 초청해 대화를 나누게 하고 그 과정을 녹화하였다. 그 결과, 결혼 기간이 길수록 공감 정확도가 떨어진다는 사실을 발견했다. 결혼생활을 오래한 부부들은 최근에 결혼한 부부들보다 배우자의 생각과 감정을 정확하게 추측하지 못했다. 1981년, 사회심리학자 클리퍼스 스웬슨은 결혼한 지 오래된 부부일수록 서로에 대해 더 모르며, 서로의 감정, 태도, 그리고 좋아하는 것과 싫어하는 것을 예측하는 정도가 떨어진다는 논문을 발표하였다. 심리학자들은 이런 현상이 벌어지는 이유에 대해 다음과 같이 설명하고 있다.

오래된 부부들은 상대방의 생각과 감정을 진정으로 헤아리려 노력하기보다는, 상대방에 대한 고정관념에 근거해 잘못 이해한다. 게다가 결혼생활이 지속되면서 부부는 계속 변하지만 의사소통은 점점 줄어든다. 결국 상대방에 대한 정확한 정보의 양은 줄고, 결혼 초기에 형성된 고정관념에 따라 상대방을 판단한다는 것이다.

이처럼 공감력은 선천적 요인과 후천적 노력에 의해 달라진다. 태어날 때부터 뛰어난 공감력을 지니고 있는 사람은 다행스러운 일이지만 그렇지 못한 사람은 지속적인 노력을 통해 공감력을 향상시켜야 한다. 그러나 다른 사람의 생각과 감정을 공감한다는 것은 결코 쉽지 않은 일이다. 말과 행동을 통해 표현되는 생각은 일정 부분 파악이 가능하지만, 겉으로 드러내지 않는 감정은 인지하기조차 불가능하다.

"대인기술은 학습을 통해 획득된다"는 미국 사회학자 마이컬슨 Michelson의 말을 명심하고 체계적인 훈련을 통해 공감력을 향상시켜야 한다.

여섯 가지 정황에 대해 공감하라

스티븐 코비Stephen R. Covey가 쓴 『성공하는 사람들의 일곱 가지 습관』에 보면 다음과 같은 일화가 소개되어 있다.

두 명의 어린아이가 지하철 안을 이리저리 뛰어다니며 시끄럽게 떠들었고, 장난을 치느라 다른 승객이 읽고 있던 신문을 떨어뜨리기까지 했다. 그런데도 아버지로 보이는 남자는 지하철 바닥만 바라보고 있을 뿐이었다. 나는 인내심에 한계를 느끼고 그 남자에게 다가가 말했다.

"아이들이 다른 사람들에게 큰 불편을 끼치고 있습니다. 얌전히 자리에 앉아 있으라고 말씀 좀 하셔야 되지 않겠습니까?"

그러자 그 남자는 나와 주변 사람들을 살펴보더니 힘없는 목소리로 말했다.

"한 시간 전에 저 아이들의 엄마가 갑작스럽게 죽었답니다. 저는 무엇을 어떻게 해야 좋을지 판단이 잘 되질 않고, 저 아이들 또한 혼란스러워하는 것 같습니다. 정말 미안합니다."

그 순간, 나는 상황을 다르게 보기 시작했고, 다르게 생각하고, 다르게 느끼고 시작했다.

나는 그 남자에게 따뜻한 위로의 말을 건넸다.

"저런, 방금 전에 부인이 돌아가셨다고요? 뭐라고 위로의 말씀을 드려야 할지 모르겠군요. 혹시라도 제가 도와드릴 일이 있을까요?"

스티븐 코비는 자신이 경험한 사례를 예로 들며 패러다임의 중요성을 설명하고 있다. 어떤 패러다임을 갖고 바라보느냐에 따라 인식하는 것이 달라지며, 주관적인 패러다임에 사로잡힐 경우, 잘못된 오해에 빠질 수 있다는 점을 강조하고 있다. 소통과 공감도 마찬가지다. 타인과의 공감을 위해서는 상대방의 상황을 다양한 패러다임으로 바라봐야 한다. 심리학자 커트 레빈은 특정 개인을 파악할 때, 그 사람이 처해 있는 여러 가지 환경을 함께 고려해야 한다고 말했다. 즉 공감은 다음과 같은 여섯 가지 정황에 대해 개방적인 패러다임을 갖고 상대방을 이해해야 한다.

1. 직업적 정황

상대방이 하고 있는 일, 업무, 비즈니스와 관련된 환경에 주의를 기울여야 한다. 학생이라면 공부, 직장인이라면 업무, 사업가라면 비즈니스와 관련된 입장과 상황을 공감하려 노력해야 한다.

2. 육체적 정황

상대방의 육체적 조건, 환경에 대해 주의를 기울여야 한다. 신체적 장애, 건강과 질병, 피로감, 체력 등에 관련된 환경을 공감하려 노력해야 한다.

3. 정신적 정황

상대방의 정신적 환경에 대해 주의를 기울여야 한다. 내면에 형성되어 있는 긍정적 감정, 부정적 감정에 대해 공감하기 위해 노력해야 한다.

4. 가족적 정황

상대방의 가족관계에 관련된 환경에 주의를 기울여야 한다. 부모, 형제, 배우자, 자녀 등과 관련하여 어떤 입장, 상황에 놓여 있는지를 공감하기 위해 노력해야 한다.

5. 재정적 정황

상대방의 재정적 환경에 주의를 기울여야 한다. 재산, 금전, 채무, 재정적 압박, 지불 능력 등을 공감하기 위해 노력해야 한다.

6. 사회적 정황

상대방의 사회적 환경에 주의를 기울여야 한다. 교육, 단체, 모임, 취미, 정치적 성향, 종교적 신념 등을 비롯한 다양한 사회적 입장과 상황을 공감하기 위해 노력해야 한다.

이렇게 여섯 가지 정황을 헤아릴 수 있어야 소통과 공감의 폭이 넓어진다. 예를 들어 직장 상사가 특별한 이유 없이 화를 내고 있다고 가정해 보자. 그런 경우, 임원으로부터의 질책(직업적 정황), 심한 몸살(육체적 정황), 우울증(정신적 정황), 아내와의 불화(가족적 정황), 대출금 상환(재정적 정황), 사회모임 회원과의 갈등(사회적 정황)처럼 각기 다른 여섯 가지 정황을 유추하며 상대방의 입장과 상황을 공감하려 노력해야 한다. 반대로 여섯 가지 정황을 헤아려 보는 과정을 통해 상대방에 대한 이해와 공감의 폭이 한층 넓어질 수 있다.

지금 가족이나 직장동료 중 한 사람을 떠올려 보고 여섯 가지 정황을 헤아려 보자. 그리고 난 후 그 사람과 대화를 나눠본다면 더욱 강한 공감대가 형성되는 것을 느낄 수 있을 것이다.

네덜란드 철학자 스피노자Baruch de Spinoza의 "나는 다른 사람의 행동을 비웃거나 탄식하거나 싫어하지 않았다. 오로지 이해하려고만 노력하였다"는 말을 명심하고 항상 여섯 가지 정황을 공감하려 노력해보라.

공감을 형성하는 법 : 통하는 주제를 찾아라

공감은 인간관계의 핵심요소다. 그러나 내가 아닌 다른 사람의 생각과 감정을 헤아리고 상대방과 똑같이 느낀다는 것은 쉽지 않은 일이다. 다른 사람과 대화할 때는 적극적 경청, 공감적 경청도 중요하지만 가장 손쉬운 방법은 쉽게 공감할 수 있는 주제로 대화를 나누는 것이다. 서로가 잘 알고, 생각이 비슷하고, 비슷한 감정을 공유할 수 있는 주제로 대화를 나누면 통하는 느낌을 갖게 된다. 공감 형성을 위한 대화 소재로는 다음과 같은 것들이 있다.

1. 건강

건강에 관심이 없는 사람은 아무도 없다. 특히 나이를 먹으면 먹을수록 건강문제에 관심이 많아진다. 건강상식, 식생법, 질병 관련 정보, 운동법 등을 소재로 이야기할 수 있다.

2. 재테크

일반인들이 가장 관심이 많은 주제가 재테크다. 상대방이 어느 분야에 관심을 가지고 있는지 파악하고 주식, 부동산, 펀드, 저축, 보험 등 재테크, 자산관리법을 소재로 대화를 나눌 수 있다.

3. 스포츠

가장 쉽고 편하게 대화를 나눌 수 있는 소재 중 하나가 스포츠다. 특히 월드컵, 올림픽, 김연아 선수 등에 관한 대화는 거의 대부분 공감을 불러일으킬 수 있다. 이외에도 상대방의 기호에 따라 야구, 농구, 당구, 골프, 등산, 마라톤 등 여러 가지 스포츠에 대해 이야기를 나눌 수 있다.

4. 취미

두 사람 함께 즐기는 취미가 있으면 공감 형성에 있어 최고의 소재가 된다. 사람은 제각기 여행, 영화, 사진, 독서, 인라인, 산악자전거, 재즈댄스, 낚시, 바둑, 컴퓨터게임 등 다양한 취미를 가지고 있다. 상대방이 어떤 취미를 가지고 있는지 찾아내 그 취미에 관한 이야기를 나누는 것이 좋다.

5. 가족

가족 간에 발생하는 일도 공감 형성에 좋은 소재다. 여성끼리는 고부간 갈등, 동서간 갈등 같은 문제가 서로 쉽게 공감할 수 있는 이슈가 된다. 부부간에 흔히 발생하는 일, 자녀교육과 관련된 일,

애경사에 관련된 일은 모르는 사람끼리도 쉽게 공감대가 형성될 수 있는 소재다.

6. 신념

특정한 가치관, 종교, 정치적 신념에 대한 주제로 이야기할 수 있다. 나의 경우를 보면 민주노동당 당원과 정치적 이슈를 주제로 대화할 때 공감 형성이 쉬워지는 경험을 한다. 다만, 서로의 견해가 상반되어 토론으로 이어지면 역효과가 날 수도 있다. 따라서 유사한 신념을 지닌 것으로 판단될 때만 대화의 소재로 삼는 것이 바람직하다.

7. 경험

두 사람에게 비슷한 경험이 있으면 공감 형성이 쉽게 이뤄진다. 고향, 학교, 회사, 업무, 가입단체나 모임, 교육 등 각자가 살아오면서 경험한 일 중에 비슷한 사항이 있는지 찾아내 그것을 소재로 대화하면 공감대가 형성된다.

이상과 같은 요소 외에도 공감을 형성할 수 있는 소재는 다양하다. 특이한 버릇, 현재 하고 있는 업무, 앞으로의 목표나 계획도 공감을 형성하는 대화 내용이 될 수 있다. 처음 만난 사람과 일정한 단계까지 친밀해지려면 공감대가 많이 형성되어야 한다. 다른 사람을 만나면 공감 주제를 찾아 대화를 나눠보자.

공감을 형성하는 대화법

공감 형성은 내가 느끼는 것도 중요하지만 최종적으로 상대방에게 느껴져야 한다. 내가 자신의 마음을 잘 알아준다는 느낌, 잘 통한다는 느낌이 상대방에게 형성되어야 한다. 상대방의 마음에 공감을 형성하려면 다음과 같은 5가지 요소를 주의하여 커뮤니케이션을 해야 한다.

1. 눈맞춤

조사결과에 의하면 상대방의 눈이 몇 번이나 깜빡거리는지 마음속으로 헤아리면서 대화하는 것만으로도 상대방은 자신이 애정과 존중을 받고 있다는 느낌이 강하게 형성된다고 한다. 메러비안 교수의 조사결과에 의하면 커뮤니케이션에 영향을 미치는 요소의 55%가 비언어적 요소인데, 이 중에서 가장 중요한 것이 눈맞춤이다. 눈빛만 봐도 통한다는 말이 있듯이 눈맞춤은 공감 형성에 있어 가장 중요하고 강력한 요소다. 대화 중에는 항상 눈맞춤을 하고 상대방을 따뜻한 시선으로 바라보는 것이 필요하다.

2. 고갯짓

고개를 끄덕이거나 갸우뚱거리거나 좌우로 흔드는 등 다양한 고갯짓에 따라 상대방의 말과 감정에 관심을 가지고 경청하고 있다는 것이 잘 전달될 수 있다.

다른 사람들과 대화를 나눌 때는 고갯짓의 횟수를 조금 더 늘려 보는 연습을 하라.

3. 몸동작

가장 일반적으로 나타나는 몸동작의 하나가 몸 기울이기다. 몸 기울이기는 관심이 있을 경우 자연스럽게 나타나기도 하지만 공감 형성 차원에서는 의식적으로 상대방과의 거리를 좁혀 적극적으로 경청하고 있다는 표현으로 전달되며 상대방에게 자신의 말이 경청되고 있다는 느낌을 갖게 해 준다. 이외에도 팔 동작, 다리 자세 등의 몸동작이 공감 형성에 영향을 준다.

4. 추임새

맞장구, 장단, 응수라고도 하는데 상대방을 말을 따라가면서 적절하게 감탄사, 질문, 반복, 요약을 하는 것이 중요하다. "저런! 그래서? OOO씨가 그랬다니 놀랍네." 등과 같이 적극적으로 대화에 참여하면서 추임새를 하는 것이 공감 형성에 도움을 준다.

5. 반영하기

상대방이 어떤 생각, 어떤 감정인지 헤아려 거기에 맞는 반응을 표현해 주는 것이 중요하다. "기분 정말 좋지?" "얼마나 슬펐니? 많이 힘드시겠어요!" 등과 같이 상대방의 감정을 인정, 지지, 존중해 주는 말을 들을 때 공감이 형성된다.

공감 형성에서 가장 중요한 것이 반응하기다.

대화 잘하는 법

인간관계는 대부분 커뮤니케이션으로 이뤄진다. 따라서 커뮤니케이션을 잘 하는 사람이 원만하고 친밀한 인간관계를 형성할 수 있다. 대화를 잘하려면 어떻게 해야 될까?

첫째, 먼저 상대방을 편안하게 만들어라.

좋은 대화, 즐거운 대화라는 것은 상대방이 느껴야 한다. 상대방이 자기가 하고 싶은 말을 모두 했다고 느껴야 좋은 대화다. 따라서 상대방이 자유롭게 말할 수 있도록 만들어야 한다.

유머, 자기 공개, 망가지기 등을 통해 먼저 상대방의 마음을 편안하게 만들어라.

둘째, 질문을 잘 건네라.

상대방이 대답하기 어려운 이야기, 잘 모르는 분야는 피하고 자신있게, 쉽게 이야기할 수 있는 주제에 대해 질문을 건네라. 상대방이 하는 일, 직장, 취미, 관심 분야, 꿈, 목표 등에 대해 질문하면 된다.

셋째, 경청하라.

가장 좋은 대화는 경청이다. 사람들은 다른 사람의 이야기를 듣는 것에는 관심이 없고 자신의 이야기에 관심을 가져 주기를 바란다. 진심어린 관심을 가지고 집중하여 경청하라. 경청은 귀로 듣고 눈으로 듣고 머리로 듣고 가슴으로 들어야 한다.

넷째, 공감하라.

상대방의 생각, 감정을 잘 헤아려 공감을 표현하라. 상대방이 기쁨, 슬픔, 분노, 불안 등 어떤 감정을 느끼는지 공감하고 적절하게 축하, 위로, 지지, 격려를 해 줘라.

다섯째, 스몰 토크Small Talk를 연습하라.

대화는 중요한 주제, 심각한 내용으로만 이뤄지지 않는다. 중간중간에 소소한 이야기들이 양념처럼 곁들여지는 경우가 대부분이다. 따라서 일상생활 속에서 일어나는 신변잡기, 가정사, 간단한 시사뉴스 등 이야기 보따리로 풀어놓을 수 있어야 한다. 특히 처음 만난 사람과 대화가 끊어져 어색해지는 순간에 스몰 토크를 통해 자연스럽게 이야기를 이어나가는 연습을 하라.

여섯째, 유머를 사용하라.

유머는 커뮤니케이션에 있어서 윤활유와 같다. 대화를 부드럽게 해 줄 뿐만 아니라 마음의 문을 열고 호감과 친밀감을 형성하는 데도 도움이 된다.

평상시에 코미디 프로그램을 시청하거나 꽁트, 넌센스 퀴즈 등 재미있는 이야기를 많이 알아두었다가 대화 중에 적절하게 사용하라.

일곱째, 마음을 담아서 말한다.

가장 좋은 대화는 말을 주고받는 것이 아니라 마음을 주고받아야 한다. 마음을 담아서 말해야 상대방의 마음에 닿는 대화가 된다. 형식적인 말을 주고받지 말고 말 한마디 한마디마다 마음을 담아서 정성껏 대화하는 습관을 가져라.

대화를 잘한다는 것은 말을 잘한다는 것과 다르다. 설명을 잘하는 것도 아니고 설득을 잘하는 것도 아니다. 대화를 잘 한다는 것은 상대방이 나와 함께 이야기를 나누는 것이 즐겁고 유익했다고 느끼는 것이다.

말을 잘하려고 노력하지 말고 상대방이 말을 잘하게끔 만들어라. 편안하게 말할 수 있도록 만들어 주는 사람이 대화를 잘하는 사람이다.

마음의 문을 여는 법

19세기 영국의 윌리엄 홀먼 헌트라는 화가는 '등불을 든 그리스도'라는 작품을 그렸다. 한밤중에 정원에서 그리스도가 한 손에 등불을 들고 다른 한 손에는 문을 두드리는 그림이다. 그런데 문에 손잡이가 없다 보니 어떤 사람은 문을 잘못 그렸다고 생각하는데 사실은 이 그림 속의 문은 마음의 문을 의미하기 때문에 손잡이가 없다고 한다. 마찬가지로 철학자 헤겔은 "마음의 문을 여는 손잡이는 안쪽에만 달려 있다"는 명언을 남겼다.

이 말처럼 빗장을 풀고 마음의 문을 여는 일은 결국 본인 스스로밖에 할 수 없는 일이다. 다른 사람은 그저 격려와 응원을 보낼 수 있을 뿐이다. 다만 조금 더 적극적으로 노력하면 상대방이 왜 빗장을 잠그는 것인지 이해하고 그 원인을 해결해 주면 마음의 문은 쉽게 열리기도 한다.

며칠 전 일이다. 초인종이 울려 인터폰을 확인해 보니 택배 배달원이었다. 문을 여니 소포 하나를 내민다. 사인을 하고 소포를 건네받았다. 겉에 적혀 있는 이름을 보니 L 아나운서가 보낸 것이다. 조심스레 포장을 뜯어보니 책 한 권이 들어 있다. 얼마 전에 책을 출간한다고 하더니 이번에 나온 모양이다.

고맙다는 인사말을 건네려고 전화를 걸었는데 받지를 않는다. 아마도 강의 중인 모양이다. 그는 최근에 직장을 퇴직한 후 교육 컨설팅 회사를 설립하였다. 가까이서 지켜보지는 못하였지만 사업이 안정적으로 운영되는 것 같아 다행이다. 사람의 마음을 얻으려면 몇 가지 사항을 이해해야 한다.

첫째, 집이나 사무실 문처럼 사람들 마음의 문도 닫혀 있다. 문뿐만이 아니라 마음의 벽까지 쌓고 사는 경우가 보통이다. 그런데 사람의 마음을 얻으려면 먼저 마음의 문을 열어야 한다.

다른 사람의 마음을 얻고 싶으면 무엇보다 먼저 상대방의 마음의 문을 열어라.

둘째, 마음의 문은 저절로 열리지 않는다.

택배 배달원이 문을 열기 위해서 초인종을 누르고 노크해야만 되듯이 다른 사람의 마음의 문을 열려면 내가 먼저 노크를 해야 한다. 성경 말씀에도 "두드려라. 그러면 열릴 것이다."라고 하였다. 다른 사람의 마음의 문을 열고 싶으면 내가 먼저 다가가서 마음의 문에 노크를 하라.

셋째, 노크를 한다고 문이 모두 열리지는 않는다.

상대방의 마음의 문을 여는 마법의 주문은 그 문이 어떤 문이냐에 따라 다르다. 어떤 문은 "열려라 참깨!"로 열리지만 어떤 문은 "알로 호모라"라고 말해야 열린다. 상대방의 마음의 문을 열려면 그 문에 어떤 키가 맞는지 생각해야 한다.

인터폰을 통해 택배원을 보았을 때 나는 곧바로 문을 열어 주었다. 만약 택배원이 아닌 낯선 사람이 문밖에 서 있었다면 나는 문을 열어 주지 않았을 것이다. 아마도 "누구세요?"라고 질문을 하고 상대방의 답변에 따라 행동을 달리했을 것이다.

상대방이 강도나 도둑으로 의심되면 문을 열어주지 않을 것이다. 잡상인으로 생각되는 경우도 문을 열어 주지 않을 것이다. 특정 종교를 전파하러 온 사람에게도 문을 열어 주지 않을 것이다. 구체적인 대답 없이 미적거리는 사람에게도 역시 문을 열어 주지 않을 것이다.

마음의 문도 역시 마찬가지다. 나에게 해를 끼칠 것 같은 사람, 나를 귀찮게 할 것 같은 사람, 자신의 주장을 일방적으로 강요할 것 같은 사람, 신분이 불확실한 사람에게는 마음의 문을 열어 주지 않는다.

따라서 다른 사람의 마음의 문을 열려면 나에 대해 먼저 알려야 한다. 내가 상대방에게 피해를 주지 않을 것, 상대방을 귀찮게 하거나 피곤하게 하지 않을 것, 상대방의 말을 경청하고 존중할 것이라는 점이 느껴져야 한다. 나에 대한 경계심이나 불안감이 없어야 마음의 문이 열린다.

　L 아나운서에게 전화가 왔다. 기업체 강의 중이었는데 방금 마쳤다고 한다. 커뮤니케이션을 교육하는 분이라 함께 나누는 대화가 편하고 즐겁다. 적당하게 교양이 있고 적당하게 유머가 있다. 상대방을 많이 배려하고 많이 경청해 준다.

　자신의 책이 나왔으니 여기저기 홍보하고 싶을 텐데도 아무런 이야기가 없다. 이렇게 내 마음을 편안하게 해 주니 내 쪽에서 먼저 마음의 문이 열린다.

　인간관계에서 다른 사람의 마음을 열고 싶다면 먼저 내 마음의 문을 열어야 한다는 사실을 기억하자.

알로 호모라!

'알로 호모라'는 조앤 롤링의 소설 『해리포터와 마법사들』에 나오는 비밀의 문을 여는 마법의 주문이다. 인간관계에서 마음의 문을 여는 주문에는 어떤 것이 있을까?

처음 만난 사람, 또는 기존에 알고 지내는 사람이 스스로 자신의 마음을 열게 하기 위한 방법으로는 다음과 같은 것들이 있다.

1. 관심과 경청

마음의 문을 열려면 관심을 갖고 질문을 건네며 상대방의 이야기에 집중하여 경청한다. 질문은 초인종과 같다. 상대방의 마음을 문을 열기 위해 신호를 보내는 것으로 상대방에게 관심이 있고 상대방에 대해 알고 싶어한다는 의미를 전달하는 것이다.

사람은 자기 자신에게 관심이 있는 사람에게만 마음의 문을 연다. 따라서 진심어린 관심을 갖고 질문과 경청을 하면 마음의 문이 열린다.

2. 자기 공개

나에 대해 먼저 오픈한다. 아직 잘 알지 못하는 사람에게는 불안감이 형성되고 마음의 문을 잠가둔다. 따라서 내가 어떤 사람이라는 것을 알려줘야 마음의 문을 열 준비를 한다.

자기 공개는 나의 신분을 확인시켜 주는 것, 나의 인간적인 면모를 드러내는 것, 내가 선량한 사람이라는 것이 전달되어야 한다. 특히 내가 먼저 망가지는 모습을 보여주는 것은 상대방에게 안도감을 형성시켜 주며 마음의 벽을 허무는 데 매우 효과적이다.

3. 호의 표현

상대방에게 호의를 가지고 있다는 것을 표현한다. 마음의 문을 쉽게 열지 못하는 것은 상대방이 나를 어떻게 생각하는지 모르기 때문이다. 나를 이용하려는 것은 아닌지, 나에게 피해를 주려는 것은 아닌지 경계하기 때문이다.

따라서 내가 악의나 나쁜 의도가 없고 상대방에게 호의를 가지고 있다는 것을 적극적으로 전달하면 마음의 문이 열리게 된다. 특히 영업사원들의 경우 상대방을 영업을 목적으로 대하지 않을 것이라는 점을 확실하게 인식시켜야 부담감을 느끼지 않고 마음의 벽이 허물어진다.

4. 칭찬

마음의 문을 열리려면 불안감이나 긴장감이 해소되고 편안한 마음이 되어야 한다. 따라서 상대방의 장점, 강점을 찾아내서 칭찬을 해 주면 상대방은 자신감을 갖고 쉽게 마음의 문을 열게 된다.

상대방의 용모나 신체적인 특징, 부속물, 성품, 성격, 능력, 성취물 등에 대해 칭찬을 하라.

5. 공감과 지지

마음의 문을 열지 못하는 또 하나의 이유는 솔직한 모습을 드러냈을 때 다른 사람들이 우습게, 이상하게, 나쁘게 보지 않을까 걱정하기 때문이다. 따라서 상대방을 적극적으로 공감하고 지지해 주면 상대방은 편안하게 마음의 문을 열 수 있다. 우리가 흔히 듣는 말 중에 "괜히 말했나봐." 라는 표현이 있다. 내가 한 말에 대해 공감과 지지를 못 받으면 이런 마음이 들고 그러면 다음부터는 마음의 문을 열지 않게 된다.

지금까지 이야기한 사항을 정리하면 다음과 같다. 마음의 문도 집에 있는 문과 마찬가지라는 것을 명심하고 마음의 문을 여는 마법의 주문을 잘 외워보자.

- 관심과 질문으로 마음의 문에 노크를 한다.
  • 상대방은 "누구세요?" 라고 물어본다.
- 자기 공개와 호의 표현을 통해 나의 신분을 확인시켜 준다.
  • 상대방은 살짝 문틈으로 내다보게 된다.

- 장점을 칭찬해 준다.
  - 상대방은 조금 더 문을 열고 모습을 드러낸다.
- 생각과 감정을 적극적으로 공감, 지지해 준다
  - 상대방은 마음의 문을 활짝 연다.

먼저 관심을 가져라

인간관계는 관심, 공감, 배려만 잘하면 된다. 이 세 가지를 잘하는 사람은 모든 사람을 자신의 편으로 만들 수 있다. 먼저 관심에 대해 알아보자.

관심은 관계를 연결하는 기본적인 고리다. 그리고 인간관계의 발전을 위해 가장 필요한 항목이다. 어찌 보면 인생은 관심을 얻기 위한 과정의 연속이다. 아이들은 부모의 관심을, 학생은 선생님의 관심을, 철이 들면 친구나 이성의 관심을, 직장에 들어가면 상사와 고객의 관심을 얻기 위해 노력한다. 점점 나이가 들면 자녀와 손자들의 관심을 필요로 한다. 정치인은 유권자의 관심을 얻고 싶어 하고, 모임의 대표는 회원들의 관심을 얻고 싶어 한다. 인생은 결국 관심이다.

그러나 관심은 저절로 얻어지지 않는다. 인간관계에서 관심은 상호성이다. 사람은 세상에서 자기 자신이 가장 소중하기 때문에 다른 사람에게는 관심이 없다. 오로지 자기 자신에게 관심을 가져 주는 사람에게만 관심을 갖는다. 따라서 다른 사람이 관심을 가져 주길 바란다면 내가 먼저 상대방에게 관심을 가져야 한다.

그런데 관심을 갖는다는 것은 무엇을 의미할까?

상대방의 어떤 부분에 대해 관심을 가져야 하는 걸까?

여러 가지 사항이 있겠지만 가장 중요한 것은 다음과 같은 3가지 사항이다.

첫째, 인정받고 싶은 사항에 대해 관심을 가져야 한다.

사람은 누구나 알리고 싶은 일이 있을 수 있다. 자랑하고 싶은 일이 생겼을 때 관심을 갖고 알아주는 사람, 자랑하고 싶은 사항을 자연스럽게 이야길 할 기회를 만들어 주는 사람은 고마운 법이다.

첫 책을 출판하고 3주 정도가 지나 고등학교 동창모임에 나갔다. 책이 나오자마자 문자 메시지로 출간 소식을 알렸으니 누군가 인사말을 건넬 법도 한데 아무도 물어보지 않는다. 서운한 마음이 들던 참에 무역업을 하는 C가 질문을 건넨다.

"얼마 전에 책 냈다며? 축하해. 반응은 어때?"

"아, 고마워. 그저 그렇지 뭐."

별일 아닌 것처럼 이야기하면서도 우쭐우쭐한 마음이 생긴다.

지난주 한 모임에 나갔다. 참석한 회원 중에 A의 표정이 유난히 밝고 즐거워 보인다. 슬며시 질문을 건네 보았다.

"그동안 좋은 일이 있었던 것 같은데 특별한 소식이라도 있나요?"

"네. 대단한 것은 아니고 며칠전 TV 시사프로에 토론자로 출연했어요." 라는 말을 시작으로 자신이 출연한 TV 프로그램 소개부터, 함께 출연한 사람들, 토론 주제 등에 대해 한참을 신나게 이야기 보따리를 풀어놓는다. 모르긴 몰라도 내가 물어봐 주지 않았다면 적잖게 서운하고 아쉬웠을 것이다.

다른 사람에게 관심을 가질 때는 가장 먼저 이렇게 질문하는 것이 좋다.

"혹시 특별한 변화나 소식은 없었나요? 새로운 일 있었으면 이야기해 주세요."

둘째, 도움을 받고 싶은 사항에 대해 관심을 가져야 한다.

사람은 누구나 도움이 필요로 하는 사항을 가지고 있다. 일과 관련된 도움도 필요하고 취미와 관련된 도움, 가족 기타 여러 가지 크고 작은 도움을 필요로 한다. 따라서 이런 일에 관심을 가져주는 사람은 고맙기 마련이다.

몇 년 전, 한국기업교육협회를 창립하며 회장을 맡게 되었다. 대부분의 단체들과 마찬가지로 얼마 되지 않는 임원 분담금, 그리고 회원들의 회비에 의존해 운영하다 보니 항상 재정적인 어려움을 겪곤 하였다. 사무실과 교육장 임대료를 납부하는 것조차 힘들

때가 많았지만 대부분의 임회원들은 생업에 바쁜 탓으로 특별한 관심을 보이지 않는다. 어쩔 수 없는 일이려니 생각하면서도 아쉽고 서운했다. 그러던 어느 날, 임원 중 한 사람인 M 분과위원장에게서 전화가 왔다.

"회장님, 협회 운영하느라 많이 힘드시죠? 어떤 일이 제일 시급한가요? 제가 도와드릴 수 있는 사항이 있으면 알려 주십시오."

"교육장에 빔프로젝트가 없어서 교육 진행에 어려움이 많아요. 좋은 방법 없을까요?"

"그래요? 제가 한 번 알아보겠습니다."

전화를 마치고 30분 후에 다시 전화가 왔다.

"회장님, 제 동생이 운영하는 음악학원에서 사용하는 빔프로젝트가 있는데, 2개월 정도 사용하지 않아도 된다고 합니다. 당분간 빌려 줄 수 있다고 하네요."

"고맙습니다. 덕분에 고민거리를 하나 해결했네요."

지금도 나는 M에게 깊은 고마움을 느끼고 있다. 인간관계에서 관심을 가질 때는 다음과 같이 질문하는 것이 좋다.

"혹시 도움이 필요한 일은 없나요? 내가 도와줄 수 있는 일이 있으면 언제든지 알려 주세요."

셋째, 이해받고 싶은 사항에 대해 관심을 가져야 한다.

사람은 대부분 고민거리나 갈등을 안고 살아간다. 내가 겪고 있는 고민, 슬픔, 불행을 알아주는 사람, 관심을 가져 주는 사람에게 좋은 감정을 갖게 된다.

내가 주관하는 푸른 고래 리더십 과정에 참석하였다. 10회 일정으로 교육과 토론이 병행되는데 이번이 5번째 모임이었다. 그런데 교육시간 내내 대학생 H의 표정이 어두워 보였다. 겉으로 드러내지 않으려 노력하는 것 같아 일단은 모르는 척하였다. 잠시 후 휴식시간이 되어 H를 밖으로 불러 내 넌지시 물어보았다.

"무슨 안 좋은 일이 있어 보이는데 괜찮니?"

"어떻게 아셨어요? 표시를 내지 않으려고 했는데… 어제 아버님이 암으로 판정받아 병원에 입원해 계십니다. 다행히 초기에 발견되어 다음 주에 수술을 받으면 된다고 하네요."

"저런… 걱정이 많이 되겠구나. 그래도 초기라고 하니 정말 다행이다. 힘내고 좋은 결과 있도록 기도하자. 수술 끝나면 병문안 갈게."

모임을 마치고 집으로 가는데 문자 메시지가 들어온다. H가 보내온 문자 메시지다.

"소장님, 마음이 답답하고 우울했는데 관심을 가져 주셔서 많이 좋아졌어요. 조심해 들어가세요. 감사합니다."

다른 사람에게 관심을 가질 때는 다음과 같이 질문하는 것이 좋다.

"혹시 고민이나 안 좋은 일은 없나요? 무슨 일 있으면 함께 상의해요."

다른 사람에게 관심을 가질 때는 인정받고 싶은 일, 도움을 받고 싶은 일, 이해받고 싶은 일에 대해 관심을 가져 주는 것이 좋다. 지금 옆에 있는 사람에게 세 가지 질문을 건네보자.

몇 점 받았게요?

인간관계는 커뮤니케이션 관계다. 먼저 관심을 가지고 상대방의 말을 집중해서 경청해야 한다. 그리고 상대방의 생각과 감정에 공감해야 상대방이 필요로 하는 배려를 베풀 수 있다.

엄마와 아빠가 대화를 나누고 있는데 초등학교 아들이 다가와서 말을 한다.

"엄마, 아빠! 제가 수학을 잘 못 하잖아요. 그런데 이번에 중간고사를 봤는데, 수학시험을 잘 봤어요. 몇 점 받았게요?"

아이의 말을 듣고 아빠는 80점이라고 대답하고 엄마는 100점이라고 대답하였다. 만약 이 글을 읽고 있는 독자 여러분이 똑같은 상황이라면 80점과 100점 중에서 몇 점이라고 대답을 했을 것인가?

정답은 관심, 공감, 배려의 3단계에 달려 있다. 먼저 관심을 가져야 한다. "어? 우리 아들이 무언가 이야기를 하고 싶어 하는구나. 잠시 대화를 멈추고 아이의 말을 들어주자. 이야기를 들어보니 자기가 수학 공부를 잘 못 하는데 이번에 수학시험을 잘 봤다고 하는구나.”

다음은 공감으로 아이가 지금 어떤 마음, 어떤 감정인지 헤아려 본다. “아! 우리 아들이 수학을 잘 못 하는데, 이번에 수학시험을 잘 봐서 자랑하고 싶은 모양이구나. 엄마, 아빠에게 칭찬받고 싶고 인정받고 싶은 모양이구나.”

마지막으로 배려를 해야 한다. 그냥 생각나는 대로 대답하는 것이 아니라 아이가 몇 점을 받았을까 생각해 봐야 한다. 실제 상황에서 아이가 받은 점수는 90점이었다. 모처럼 90점을 받아서 자랑하려고 “몇 점 받았게요?” 물어봤는데, 엄마가 “100점”이라고 대답하면 어떻게 될까? 그야말로 김이 새게 된다. 아이는 마음속에서 “에이! 난 90점밖에 못 받았는데….”라고 생각하게 된다. 반면에 아빠가 “80점”이라고 대답을 하면 “흠, 내가 이래 봬도 90점이나 받았는데….”라는 마음을 갖게 된다. 그리고 당당하게 자랑할 수 있게 된다. 따라서 아이가 자신 있게 자랑할 수 있도록 예상점수보다 낮게 대답해 준다.

인간관계는 관심만으로는 부족하다. 상대의 생각과 감정을 잘 공감해서 내가 줄 수 있는 것이 아니라 상대방이 필요로 하는 것을 배려해야 좋은 관계가 이뤄진다. 세상에는 3대 거짓말이 있다고 한다.

“저는 절대로 결혼 안 할 거예요!”(노처녀)

"이거 밑지고 파는 겁니다!"(장사꾼)

"늙으면 빨리 죽어야지!"(노인)

이런 말을 들었을 때 상대방의 생각과 감정을 공감하지 못하면 다음과 같이 대답할 수도 있다.

"그래, 잘 생각했다. 평생 독신으로 혼자 살아라."

"세상에 밑지고 파는 장사가 어디 있어요? 사기 치고 계시네."

"늙으면 고생이죠. 이제 사실 만큼 사셨으니 빨리 돌아가시는 게 좋겠어요."

물론 우스개로 만들어본 이야기다. 그러나 사회생활을 하다 보면 실제로 이런 식의 대화 장면을 많이 보게 된다. 모두 상대방의 생각과 감정을 정확하게 공감하지 못해서 발생하는 일들이다.

다음 중 상대방과 공감을 형성할 수 있다고 생각되는 대화를 찾아보자.

〈아내가 아들과 함께 청계천에 구경 왔다고 전화했어. 하루종일 회사업무로 피곤한데 퇴근하면 그쪽으로 오라고 하네. 그냥 둘이서만 구경하고 가면 좋겠는데….〉

A : 아들이 서울에 왔으면 아버지 역할을 하셔야죠. 안 가시면 아들이 얼마나 실망하겠어요.

B : 집에 가서서 푹 쉬고 싶을 텐데 정말 피곤하시겠어요. 그래

도 아빠를 만나면 아드님이 무척 좋아하겠네요. 아들 생각하고 힘내세요!

〈내가 맏며느리도 아니고 막내 며느리잖아요. 그런데 내가 왜 시부모님을 10년 넘게 모셔야 해요. 더 이상 모시고 싶지 않아요.〉

A : 아니! 맏아들만 자식이고 막내아들은 자식 아냐? 그러면 당신네 집안에도 장남만 부모님을 모셔야 되겠네?

B : 그래. 당신이 맏며느리도 아닌데 10년씩이나 시부모님 모시느라 고생이 많았지. 정말 고마워. 내가 당신이 수고한 거 잊지 않고 은혜 갚을게. 조금만 더 이해해 줘.

〈아빠, 친구들이랑 놀이터에서 놀다가 깜빡 잊어버리고 학원에 못 갔어요. 정말 죄송해요. 다시는 안 그럴게요.〉

A : 너는 누구를 닮아서 그렇게 노는 것만 좋아하니? 아빠가 학원시간 잘 지키라고 분명히 말했지? 아빠 말을 우습게 아는 거야?

B : 아빠도 너처럼 어릴 때는 공부보다 친구랑 노는 게 더 좋았단다. 아빠는 네 마음 이해해. 그렇지만 아빠랑 학원 잘 다니겠다고 약속했었지? 다시는 시간에 늦지 않도록 조심해야

돼. 알았지?

〈지난달에 자동차 계약한 사람입니다. 내비게이션이 자꾸 고장이 나서 그러는데 어떻게 해야 되죠?〉

A : 저도 내비게이션은 잘 몰라요. 자동차서비스센터에 직접 전화해 보세요.

B : 차를 구입한 지 얼마 지나지도 않았는데 내비게이션이 고장 나서 많이 속상하시겠어요. 어떻게 하면 되는지 제가 직접 알아보고 다시 전화드릴게요. 불편하시겠지만 조금만 기다려 주세요.

인간관계에서 가장 좋은 사람은 내 마음을 잘 알아주는 사람이다. 다른 사람들을 내 편으로 만들고 싶으면 관심을 갖고, 공감하고, 상대방이 필요로 하는 것을 배려하라.

고정관념을 버리면 공감이 높아진다

"나는 결코 대중을 구원하려고 하지 않는다. 나는 다만 한 개인을 바라볼 뿐이다. 나는 한 번에 단지 한 사람만을 사랑할 수 있다. 한 번에 단지 한 사람만을 껴안을 수 있다."

_테레사 수녀

가난하고 병든 사람들을 위해 평생을 봉사하며, 한 사람 한 사람을 따뜻한 사랑으로 안아 주었던 테레사 수녀가 인터뷰를 하게 되었다. CBS 앵커 댄 레더가 질문을 건넸다.

"수녀님은 하나님께 기도하실 때 무슨 말씀을 하십니까?"

테레사 수녀는 차분한 목소리로 대답했다.

"저는 기도할 때 말하지 않고 듣습니다."

미처 예상하지 못한 답변을 들은 댄 레더가 다시 질문했다.

"그러면 하나님은 무엇이라고 말씀하십니까?"

"그분도 듣고 계시지요."

고개를 갸우뚱 거리며 당황스런 표정을 짓는 덴 레더에게 테레사 수녀가 말했다.

"제가 하는 말을 이해하지 못한다면 저는 더이상 설명해 드릴 수가 없답니다."

소통과 공감이 어려운 이유 중의 하나는 내 마음이 고정관념에 사로잡혀 있기 때문이다. 기도는 무언가를 요구하거나, 자신의 잘못을 회개하거나, 반드시 말로써 이뤄지는 것이라는 고정관념, 그리고 하나님이 반드시 무언가를 응답해 줄 것이라는 고정관념에서 벗어나야 테레사 수녀의 말에 공감할 수 있다.

만약 누군가와의 대화에 소통이나 공감이 되질 않는다면 내가 마음의 문을 닫고 있는 것은 아닌지 점검해 볼 필요가 있다. 공자는 "상대방이 충분히 이야기하도록 하고, 말은 필요한 때에 필요한 말을 필요한 만큼만 해야 하며, 상대의 상황을 배려하여 그에 맞게 말하라"고 하였다. 그러나 고정관념을 버리지 못하면 상대방의 상황을 배려하기 어렵고, 정반대로 오해에 빠지는 경우도 많이 생겨난다.

공자가 채나라로 가던 중에 식량이 떨어져 7일 동안이나 음식을 먹지 못하고 굶게 되었다. 어느 날, 한 마을 입구에 도착해 잠시 쉬다가 피곤함에 지친 공자는 깜빡 잠이 들었다. 한참이 지났을 무렵 어디선가 밥 냄새가 풍겨와 눈을 떠보니 제자 안회가 양식을 구해가지고 돌아와 밥을 짓고 있었다. 그런데 깜짝 놀랍게도 안회가 스승인 자신보다 먼저 밥 한술을 떠먹는 모습이 눈에 들어왔다. 공자는 괘씸한 생각이 들었지만 일체 내색을 하지 않고 안회를 불러 말했다.

"내가 방금 꿈을 꾸었는데 돌아가신 아버지가 나타나셨다. 지금 네가 지은 밥으로 조상들께 먼저 제사를 드리고 싶구나."

제사는 정갈한 음식으로 지내야 하기 때문에 공자는 간접적인 방법으로 안회를 뉘우치게 만들려 한 것이다. 그런데 안회는 정색을 하며 이렇게 말했다.

"스승님, 저 밥으로는 제사를 지낼 수가 없습니다. 제가 솥뚜껑을 연 순간 천장에서 그을음이 떨어졌습니다. 스승님께서 드시기에는 더럽고, 버리기에는 너무 아까워서 제가 그 부분만 조금 떼어먹었습니다. 이번에는 스승님께서 그냥 드시고, 제가 다시 쌀을 구해와 제사를 지내는 것이 좋겠습니다."

안회의 설명을 들은 공자는 자신이 쓸데없는 의심을 한 사실을 부끄러워하며 다음과 같이 탄식하였다.

"예전에 나는 나의 눈을 믿었다. 그러나 나의 눈도 완전히 믿을 것이 못 되는구나. 예전에 나는 나의 머리를 믿었다. 그러나 나의 머리도 완전히 믿을 것이 못 되는구나. 한 사람을 이해한다는 것은 진정 어려운 일이다."

사람은 선택적 인식을 하며 부주의 맹목성에서 벗어나지 못하는 불완전한 존재이다. 따라서 항상 자신의 지각과 판단이 진실인지에 대해 의구심을 가질 필요가 있다. 그렇지 못하고 자신의 지각과 판단을 절대적인 것으로 생각하면 소통과 공감에 장애가 발생한다. 공자 또한 마찬가지였다. 다음 문장을 읽고 정답을 생각해보라.

"한 의사가 아들과 함께 여행을 떠났다가 교통사고를 당했다. 의사는 현장에서 즉사하고 아들은 중상을 입은 채 병원으로 실려 갔다. 응급실에 도착해 수술을 받으려고 기다리는데, 문을 열고 들어오는 의사의 얼굴을 보니 아들의 아버지였다. 어떻게 된 것일까?"

무엇이 정답이라 생각하는가? 강의 중에 질문해 보면 매우 다양한 답변들이 나온다. 심지어 어떤 교육생은 "한 의사"를 "한의사"로 해석하는 경우도 있었다. 대부분 틀린 답들이며 실제 정답은 "부부 의사"다. 즉 아들과 함께 여행을 떠난 의사는 아버지가 아니라 어머니였던 것이다. 그런데 대부분의 사람은 "한 의사가 아들과 함께 여행을 떠났다."라는 첫 문장을 읽는 순간, 아버지가 아들과 함께 여행을 떠난 것이라는 고정관념에 사로잡히고 만다.

이처럼 고정관념은 우리들의 일상생활에 깊은 영향을 끼치며 의사소통과 공감에 큰 장애물로 작용한다. 얼마 전 자동차 회사의 영업사원들을 대상으로 인맥관리 교육을 진행하였다. 강의를 마치기 전 질의응답 시간이 되었는데, 한 교육생이 손을 들고 질문한다.

"저는 세상에서 가장 중요한 인맥은 가족이라고 생각합니다. 소장님은 어떻게 생각하시는지요?"

솔직히 말해서 약간 맥이 빠지는 질문이었다. 왜냐하면 전체 다섯 시간의 교육 중 첫 번째 시간 내내 인맥관리의 출발점은 가족이라는 내용을 강조했었기 때문이다. 나는 마음속으로 답답함을 느끼며 다시 한번 가족의 중요성을 강조해 들려 주었다.

"당연한 말씀입니다. 첫 번째 시간에서 말씀드렸듯이 성공적인 인간관계를 형성하려면 대인관계 유형이 바뀌어야 합니다. 내가 먼저 다른 사람들에게 관심, 공감, 배려를 해야 친밀한 인간관계가 형성됩니다. '성공이란 나이가 들수록 가족과 주변 사람들이 점점 더 나를 좋아하는 것'이라는 짐 콜린스의 말 기억나시죠? 가족과 주변 사람들에게 관심, 공감, 배려를 실천하는 것이 가치 있는 성공, 진정한 행복이며 동시에 좋은 인맥을 만드는 지름길입니다. 인맥관리의 첫걸음은 가족과 주변 사람들이 좋아하는 사람이 되는 것이며, 가족은 세상에서 가장 소중한 인맥입니다."

교육을 마친 후, 나는 사무실로 돌아와 곰곰히 생각해 보았다. 역시 문제는 고정관념이었다. 인맥관리를 부정적으로 인식하는 닫힌 마음 때문에 교육 내용을 왜곡해 받아들인 것이었다. 즉 인맥관리에 대한 평소의 거부감 때문에 가족이 가장 소중하다는 말이 전혀 귀에 들어오질 않은 셈이다. 몇 해 전 인기리에 상영되었던 영화 「워낭소리」에는 노인과 소가 서로 소통하는 장면이 등장

한다. 이처럼 말 못 하는 짐승과도 공감을 나눌 수 있지만, 고정관념에 사로잡히게 되면 같은 언어를 사용하는 사람끼리도 말이 통하지 않는 상황이 발생한다. "내가 보는 것, 내가 믿는 것을 모두 믿을 수 없다"는 공자의 말을 교훈 삼아 고정관념을 버리고 항상 열린 마음으로 대화해야 한다. 장자는 "귀로 듣지 말고 마음으로 들어라." 라고 말했다. 나는 "귀로 듣지 말고 열린 마음으로 들어라." 라고 말하고 싶다.

동전 10개로 공감능력 훈련하기

경청의 중요성은 아무리 강조해도 지나침이 없을 것이다. 폴 랜킨의 커뮤니케이션 실험 결과도 그 사실을 잘 일깨워 준다. 그에 따르면 성인들은 깨어 있는 시간의 70%를 언어 커뮤니케이션에 사용하는데, 평균적으로 쓰기 9%, 읽기 16%, 말하기 30%, 듣기 45%의 비율을 차지한다. 이처럼 듣기는 커뮤니케이션 중에서 가장 중요한 비중을 차지하는 요소다.

삼성그룹 이건희 회장이 첫출근을 하던 날, 아버지 이병철로부터 경청傾聽이라는 휘호를 선물 받았다는 일화도 경청의 중요성을 일깨워 준다. 영국 속담에 "말을 많이 하게 되면 후회가 늘고 말을 많이 듣게 되면 지혜가 는다"는 말이 있다. 유태인 격언에는 "당나귀는 긴 귀로 구별할 수 있고, 어리석은 자는 긴 혀로 구별할 수 있다."라는 말이 있다. 19세기 미국 시인이자 평론가인 올리버 웬들 홈스는 "말하는 것은 지식의 영역이고, 듣는 것은 지혜의 특권"이라는 말로 경청의 중요성을 강조하였다. 이처럼 경청은 배움을 얻고 지혜를 쌓는 가장 효과적인 방법이다. 또한 사람은 자신의 이야기에 귀를 기울여 주는 사람을 좋아하기 때문에 경청은 친밀하고 진실된 인간관계를 만드는 가장 효과적인 방법이다. 그러나 경청은 쉽지 않은 일이며 오히려 매우 어려운 일이다. 인터넷에 다음과 같은 유머가 나온다.

대통령 부부가 만찬에 참석하기 위해 입장하는 사람들과 악수를 나누며 인사말을 건네고 있었다. 마침 다른 사람의 이야기는 일체 경청하지 않는 것으로 악평이 높은 정치인의 차례가 되었다. 대통령이 그의 손을 잡고 악수를 하며 농담을 건네 보았다.

"환영합니다. 다행스럽게도 조금 전 할머니가 세상을 떠나셨다는군요."

대통령의 말을 귀담아듣지 않은 정치인은 즉각 기쁜 표정을 지어 보이며 대답했다.

"감사합니다. 정말 축하드립니다."

이처럼 경청이 어려운 이유는 사람은 자기중심적 존재이기 때문이다. 미국 뉴욕시 전화국에서 사람들이 전화통화를 할 때 어떤 단어를 가장 많이 사용하는지 조사해 보았다. 그 결과 1위를 차지한 말은 "나"라는 단어였으며 500통의 전화에서 무려 3,900번이나 사용된 것으로 밝혀졌다. 세상에서 가장 중요하고 소중한 것은 "나"라는 존재다. 이외에도 경청에 장애를 불러오는 이유에는 여러 가지 원인이 있다. 말하는 사람의 작은 목소리나 불분명한 발음, 정확하지 못하거나 중의적인 표현, 주변 환경의 소음, 듣는 사람의 고정관념이나 편견 등이 올바른 경청을 가로막는다. 특히 경청에 있어 가장 큰 어려움은 생리적 구조에 기인한다.

사람은 평균 1분에 150~250단어의 말을 할 수 있는데, 우리의 뇌는 그보다 4배 이상 많은 정보처리능력을 가진 것으로 알려져 있다. 즉 귀로 들어오는 정보를 처리하고도 75% 이상의 시간이 남기 때문에 우리의 정신은 여러 가지 외부 자극에 분산된다. 귀로는 상대방의 이야기를 듣지만 눈으로는 다른 대상을 관찰하고, 머릿속에서는 또 다른 생각을 하는 것이다.

반면에 우리의 눈은 1초에 5백만 가지 정보를 인식하나 정신은 5백 가지만 인식할 수 있다. 따라서 우리 몸은 선택적 인식(Selective Perception)이라는 방법으로 정보를 처리하게 된다. 다섯 가지 감각기관을 통하여 수집되는 정보 중에 가장 관심 있고 흥미로운 정보만 받아들이고 나머지 정보는 모두 무시하는 것이다.

심리학에 칵테일 파티 효과(Cocktail Party Effect)라는 용어가 있다. 사람들로 북적대며 소음으로 가득한 칵테일 파티장에서도 누군가 자신의 이름을 언급하면 그 말을 놓치지 않고 알아듣는다. 이처럼 자신에게 의미 있는 정보는 놓치지 않고 받아들이는 현상을 말한다.

대화 중에 상대방의 말에 관심이 있으면 저절로 경청이 되지만, 특별한 관심이 없으면 선택적 인식이 되질 않는다. 따라서 경청을 잘하려면 상대방의 이야기에 정신을 집중하는 노력이 필요하다.

미국 웨이크 포레스트 대학과 노스캐롤라이나 대학 연구팀은 사람들이 듣는 작업을 진행 중일 때 뇌 속 시야와 연관된 영역에서 뇌 활성을 어떻게 전환시키는지를 실험하였다.

그 결과 경청을 하는 동안에는 시력과 연관된 영역에서의 뇌활성이 감소된 것으로 나타났다. 또한 듣는 작업이 어려울수록 뇌의 시력과 연관된 영역을, 청력과 연관된 부위로 전달해 듣는 작업에 집중하는 것으로 나타났다.

연구팀은 이 같은 결과에 대해, 사람들이 음악을 들을 때 눈을 감는 이유와 같은 동일한 현상이라고 설명했다. 이처럼 우리의 뇌는 필요한 경우 다른 기능을 전환시키면서까지 경청에 집중하게 된다. 그러나 이런 상황은 예외적인 경우에 해당되며 일반적인 대화에서 다른 사람들의 이야기에 집중한다는 것은 쉽지 않은 일이다.

스위스 정신과 의사 폴 투르니에는 "우리는 다른 사람의 말을 절반만 듣고, 들은 것의 절반만 이해하며, 이해한 것의 절반만을 믿는다. 그리하여 마침내는 믿은 것의 절반만을 겨우 기억할 수 있게 된다"고 말했다.

한 연구 보고에 의하면 일반적인 사람들의 80%는 경청 능력이 매우 부족하다. 그로 인해 자신이 청취한 내용 중 25%만 경청하고 나머지 75%는 흘려버리는 것으로 알려져 있다. 경청이 얼마나 어렵고 실제로도 잘 이뤄지고 있지 않다는 사실을 알려준다.

과연 어떻게 하면 경청을 잘할 수 있을까? 무엇보다 상대방의 이야기에 의도적으로 집중하는 노력이 필요하지만 이런 태도가 습관으로 자리 잡을 때 자연스럽게 경청할 수 있을 것이다.

미국 화이자의 회장을 역임한 제프 킨들러Jeff Kindler에게는 '경청형 리더'라는 수식어가 따라 다닌다. GE 전 회장 잭 웰치는 "그는 팀원들이 위기 상황에서 똑바로 가도록 이끄는 일류(crackerjack) 리더다."라고 평가했으며 맥도날드사의 제임스 캔탈루포 전 회장은 "그는 내가 본 그 누구보다 현실적인(down-to-earth) 리더다. 그는 냉정한 상황 파악을 위해 항상 듣고, 또 듣는다."라며 제프 킨들러에 대해 칭찬을 아끼지 않았다.

2007년 제프 킨들러가 화이자의 회장으로 선출되자 관련업계 종사자들은 깜짝 놀랐다. 제약업계 경험이라곤 4년에 불과했으며 법률가 출신 회장은 처음이었기 때문이었다.

당시 화이자는 잇따른 특허침해소송과 신흥 제약회사들의 등장으로 40% 이상 주가가 폭락하며 내리막길을 달려가고 있었다. 제프 킨들러는 '듣고 또 들어라. 위기가 뚫린다'는 신념을 바탕으로 화이자의 위기를 극복해 나갔다. 회장에 선임된 직후, 그는 전 세계에 퍼져 있는 직원들에게 메일을 보냈다. "조직 안팎에서 겪는 도전을 허물없이 얘기해 줄 사람이 필요하다"는 것이 주된 내용이었다.

2008년 한국에 내한했을 당시 그는 다음과 같이 말했다.

"항상 시장의 목소리에 귀를 열어 놓아야 합니다. 어려울 때든 좋을 때든 소비자들의 목소리만큼 확실한 지표가 없어요. 리더는 어려운 때일수록 최대한 소비자들과 가깝게 있는 사람들의 이야기를 듣고, 또 들어야 합니다. 여기에 해답이 있어요."

제프 킨들러는 경청의 중요성을 강조하며 실제로도 부단한 노력을 기울였다. 그는 직원들의 말을 경청하기 위해 자신이 실천하고 있는 특별한 방법 한 가지를 소개하였다.

"매일 아침, 나는 1센트 동전 10개를 왼쪽 바지 주머니에 넣고 집을 나선다. 회사에 출근하여 직원들을 만나면 그들의 이야기를 경청한다. 그리곤 상대방의 이야기를 충분히 공감해 주었다고 판단되면 왼쪽 주머니에 있는 동전 하나를 오른쪽 주머니로 옮긴다. 저녁에 퇴근하면 오른쪽 주머니로 옮겨간 동전의 개수만큼 10점씩 점수를 준다. 모든 동전이 옮겨갔으면 '100점'이라는 점수를 주는 것이다. 이런 방법으로 매일 저녁 만점을 받는 것이 내가 실천하는 중요한 일과의 하나다."

제프 킨들러의 경청 훈련법은 매우 큰 시사점을 안겨준다. 경청을 위해서는 의지만으로는 불충분하며 체계적인 훈련과 반복을 통해 경청하는 태도를 습관들여야 한다는 사실이다. 물론 진심으로 타인의 이야기를 경청할 줄 아는 성품을 갖고 태어난 사람도 있지만 대부분의 사람들은 올바른 경청 습관을 지니고 있지 못하다. 게다가 타인보다는 자신의 이야기에 경청해 주기를 바라는 것이 사람들의 마음이다. 그러나 이렇게 해서는 바람직한 관계를 만들기 어렵다. 내가 하는 말에 귀를 기울이지 않는 사람과 어떻게 좋은 관계로 발전될 수 있겠는가?

말을 배우는 데는 2년이 걸리지만 침묵을 배우는 데는 60년이 걸린다고 한다. 그러나 제프 킨들러처럼 꾸준히 훈련하지 않는다면 60년보다 더 오랜 세월이 걸릴 수도 있다. 상대방의 말을 경청하면 그 사람의 마음을 얻을 수 있다는 이청득심以聽得心을 명심하고 매일 경청과 공감을 훈련해야 한다.

먼저 100원짜리 동전 10개를 주머니에 넣고 다니며 실천해보자. 처음에는 1~2개의 동전도 옮겨가기 어려울 것이다. 그렇지만 6개월, 1년을 꾸준히 반복하면 10개의 동전이 모두 옮겨가게 되고, 그리고 나면 굳이 동전을 갖고 다니지 않아도 경청하는 태도가 몸에 배어 있을 것이다.

경청과 공감은 반복적인 훈련에 의해서만 가능하다는 사실을 명심하고, 지금 당장 동전 10개를 주머니 속에 넣어보자.

CHAPTER 5

친밀감

함께 있으면 즐겁고 편안한 사람

친화력 있는 사람

친밀감은 인간관계 발전 단계 중 네 번째 감정이다. 친밀감은 친근감, 유대감이 얽힌 감정으로 심리학에서 말하는 라포rappot 형성의 중요한 부분이다. 사회에서 친화력이 있다고 말하는 것은 친밀감을 형성하는 능력이 우수하다는 것을 의미한다. 친밀감을 형성하는 방법은 여러 가지가 있으나 유형별로 정리하면 크게 다섯 가지로 구분할 수 있다.

1. 강화 주기 : 상대방을 지지, 인정해 주고 관심과 호감을 표현하는 커뮤니케이션을 강화 주기라 한다. 상대방에게 적절한 강화 주기를 하면 친밀감이 형성된다.

2. 스킨십 : 스킨십은 신체적 접촉이다. 사람은 신체적 접촉을 통해 친밀감을 형성한다.

3. 호의 제공 : 다른 사람에게 돈, 물질, 협력 등의 호의적인 도움을 제공함으로써 친밀감을 형성할 수 있다.

4. 체험 공유 : 특정한 경험을 함께 하는 것은 친밀감 형성에 도움이 된다.

5. 자기 공개(인간적인 면모) : 자신의 인간적인 약점, 특이한 습관, 실수담, 비밀, 인간적인 고민을 오픈하는 것은 친밀감을 촉진시켜 준다.

다른 사람을 처음 만났을 때, 기존에 알고 지내던 사람과 더 친밀해지고 싶을 때는 위에 말한 다섯 가지 유형을 상대방에게 맞는 방법으로 실천하면 된다. 가족, 친구, 이성, 동료, 고객 등 모든 관계에 똑같이 적용된다. 예를 들어 여성의 마음을 잘 사로잡는 남성, 소위 선수라고 불리는 사람들이 사용하는 작업의 정석도 마찬가지다.

1. 강화 주기 : 여성에게 칭찬을 아끼지 않는다. "네가 제일 예뻐." "옷이 정말 멋지다."

2. 스킨십 : 악수, 어루만지기, 포옹, 키스 등 상대방과 상황에 적합한 신체적 접촉을 나눈다.

3. 호의 제공 : 꽃, 책, 초콜릿, 보석 등 선물 공세를 한다.

4. 체험 공유 : 식사, 공연 관람, 여행 등 둘이 함께하는 이벤트를 만든다.

5. 자기 공개 : 상황에 따라 자신의 약점, 실수담, 비밀, 고민 사항을 털어놓아 모성애, 동지의식, 인간적 매력을 불러 일으킨다.

가족 간에도 보다 끈끈한 친밀감을 형성하려면 다섯 가지 유형을 적극적으로 실천해야 한다.

1. 강화 주기 : 부부 또는 자녀에게 칭찬, 감사, 격려, 호감 표현 등 강화 주기 커뮤니케이션을 하면 친밀감이 높아진다.

2. 스킨십 : 가족끼리 손 마주잡기, 간지럼 태우기, 업어주기, 팔짱끼기, 포옹, 키스 등을 하면 친밀감이 높아진다.

3. 호의 제공 : 집안일 도와주기, 숙제 도와 주기, 선물, 배려를 해 주면 친밀감이 높아진다.
4. 체험공유 : 운동, 외식, 여행 등의 체험을 같이 하면 친밀감이 높아진다.

5. 자기 공개 : 남편이 아내에게 직장에서 겪는 고민을, 아빠가 자녀에게 어릴 적 실수담을 들려 주는 것은 친밀감을 높여 준다.

지금까지 말한 다섯 가지 유형의 방법을 적절하게 사용하면 빠른 속도로 강한 친밀감을 형성할 수 있다. 상대방과 상황에 따라 친밀감을 형성하는 방법을 잘 활용하여 다른 사람들과의 관계를 친밀하게 만들어보자.

친밀감을 형성하는 법 : 강화 주기

친밀감을 형성하는 첫 번째 방법은 강화 주기다. 강화 주기 (reinforcement)는 타인에 대한 인정, 지지를 전달하는 언어적 표현을 의미한다. 강화 주기는 열 가지 유형으로 나눠볼 수 있다.

1. 관심(질문) : 관심 어린 질문은 친밀감을 높여준다. 500년 전 로마 시인 푸불리우스 시루스는 "사람은 자기 자신에게 관심을 보이는 사람에게만 관심을 갖는다"고 말하였다. 인간관계는 상호성이다. 내가 먼저 관심을 가지는 것이 친밀감 형성에 도움이 된다.

2. 칭찬 : 사회에서 가장 많이 사용되고 또 가장 많이 추천되는 것이 칭찬이다. 사실 칭찬의 효과는 매우 놀랍다. 사람의 운명을 바꿔놓는 말 한마디가 칭찬이다. 그러나 사회에서는 순수한 마음이 아닌 입에 발린 사탕발림으로 칭찬을 하는 사람이 많은데, 이

는 잘못된 것이다. 칭찬이 올바로 되려면 상대방에 대한 관심이 먼저 선행되어야 한다.

3. 감사 : 상대방의 말이나 행동에 고마움을 표현하는 것이 감사다. 인간관계는 단순해서 나에게 감사한 줄 아는 사람은 좋게 생각하고, 감사한 줄 모르는 사람은 괘씸하게 여기기 마련이다. 진심 어린 감사의 표현은 나에 대한 친밀감을 높여 준다.

4. 격려 : 상대방에게 힘과 용기를 북돋아 주는 강화 주기 표현이다.

5. 위로 : 상대방의 실패, 실수, 잘못에 대해 위안을 주는 강화 주기 표현이다.

6. 축하 : 상대방의 성취, 행운을 기뻐해 주는 강화 주기 표현이다.

7. 축복 : 상대방의 성공, 행복을 기원해 주는 강화 주기 표현이다.

8. 지지 : 상대방의 생각, 행동에 찬성하는 강화 주기 표현이다.

9. 인정 : 상대방의 생각, 상황에 동조하는 강화 주기 표현이다.

10. 호감 표현 : 상대방에게 호의적 감정을 전달하는 강화 주기 표현이다.

지금까지 열 가지 유형의 강화 주기 표현을 설명하였는데 근본적인 효과는 모두 같다. 상대방을 소중하게 생각하고, 호감을 가지고 있으며 상대방의 편이라는 느낌을 주는 언어적 표현이다. 따라서 칭찬만 중요하게 생각하지 말고 10가지를 고르게 사용하는 것이 바람직하다.

칭찬을 할 때는 주의를 기울여 말해야 한다. 자칫 잘못하면 서투른 칭찬이 상대방에게 불쾌감을 줄 수 있기 때문이다. 강의 중에 교육생들에게 칭찬 실습을 시켰을 때의 일이다. 어떤 여성이 옆자리에 앉은 남성에게 다음과 같이 칭찬하는 모습을 본 적이 있다.

여성 : "얼굴이 참 솔직하게 생기셨네요."

남성 : "네?"

강화 주기는 언어습관이다. 평상시에 다른 사람에게 자주 사용해야 습관이 된다. 문자 메시지를 보낼 때도 10가지 유형을 적절하게 사용하면 친밀감 형성에 도움이 된다.

• 관심 : 새로운 사업을 시작할 계획이라고 들었는데 잘 진행되고 있는지요?

- 칭찬 : 사업 추진하는 모습을 보니 정말로 기획력이 뛰어나신 것 같습니다.
- 감사 : 저에게 사업계획 프레젠테이션 기회를 주셔서 진심으로 감사드립니다.
- 격려 : 새롭게 사업을 추진하다 보면 힘든 일도 많을 텐데 힘내시기 바랍니다.
- 위로 : 인생지사 새옹지마라고 합니다. 사업이 중단됐다고 너무 상심마시기 바랍니다.
- 축하 : 신규계약을 큰 건 수주했다고 들었습니다. 축하드립니다.
- 축복 : 이번 사업은 크게 성공하실 겁니다. 대박나시길 기원합니다.
- 지지 : 새로 제안하신 영업 시스템이 좋은 결과를 거둘 수 있으리라 생각합니다.
- 인정 : 이번에 달성하신 매출 목표는 아무나 이룰 수 없는 큰 성과입니다. 대단하십니다.
- 호감 표현 : 이번 신규사업 부서에서 함께 일하게 돼 정말 기쁘고 행복합니다.

친밀감을 형성하는 법 : 스킨십

스킨십은 신체적 접촉을 의미하며 상대방에 대한 호감과 친밀감을 나타내기 위해 가장 많이 사용되는 방법이다. 스킨십을 하면 피부의 감각이 척수를 통과해 뇌에 신호가 전달되고 옥시토신과 바소프레신의 수치가 상승한다.

이 두 가지 호르몬은 안정감을 유발하고 애착과 친밀감을 높이는 것으로 알려져 있다. 우리는 말뿐만이 아니라 다른 사람과의 스킨십을 통해 인간관계를 발전시켜 나간다. 부모는 애정을 표시하는 방법으로 아이를 안아 주거나 쓰다듬어 주며, 친구 사이에서는 손을 잡거나 어깨동무를 한다. 연인 사이에서는 팔짱을 끼거나 포옹, 키스, 애무 등이 이뤄지고 직장에서는 부하직원이나 동료의 어깨, 등을 두드려 준다. 사회에서 낯선 사람을 처음 만났을 때는 악수를 하며, 때로는 두 손으로 상대방의 손을 잡거나, 한쪽 손을 상대방의 팔이나 어깨에 얹는 스킨십을 통해 상대방에 대한 호감을 전달한다.

인간관계에서 스킨십은 말보다 효과적으로 작용하기 때문에 누군가에게 호감을 갖고 있다면 100번 말하는 것보다 적절한 스킨십을 한 번 나누는 것이 훨씬 강력한 효과를 발휘한다. 또한 스킨십을 자주 갖는 사람은 스트레스에 강하다는 연구결과도 있다.

스위스 취리히대학 비아트 딧젠 박사는 결혼을 앞둔 독일인 커플들을 대상으로 실험하였다. 연구진은 단순히 손을 잡는 데서부터 성적 접촉까지 포함해 매주 몇 회나 스킨십을 갖는지 조사한 다음 그들의 침에서 스트레스 호르몬인 코르티솔 수치를 측정했다. 그 결과 신체적 접촉이 많은 커플은 코르티솔 수치가 적은 것으로 나타났다. 연구진은 "신체적 친밀감이 정신적 건강에도 도움을 준다."라며 스킨십을 자주 갖는 연인은 심지어 직장에서도 스트레스를 덜 받는 것으로 나타났다고 밝혔다.

사람들은 대인관계 속에서 매우 활발한 스킨십을 주고받는다. 실험결과에 따르면 한 시간 동안 카페에서 함께 있는 경우 푸에르토리코 사람들은 평균 180회 정도, 파리 사람들은 110회 정도 신체적 접촉을 하는 것으로 나타났다. 나라마다 문화적 차이에 따라 신체적 접촉의 빈도에 차이가 있겠지만 스킨십이 인간관계에 중요한 영향을 끼친다는 사실은 부정할 수 없다. 스킨십은 매우 다양한 형태로 이뤄진다.

1. 악수 : 사회에서 가장 일반적으로 일어나는 신체적 접촉이 악수다. 처음 만난 사람과, 또는 헤어졌던 사람을 다시 만날 때 악수

를 한다. 악수를 할 때 스킨십의 효과는 세 가지 요소에 의해 달라진다. 첫째, 악수를 할 때 손의 힘, 둘째, 악수를 할 때 손을 잡고 있는 시간, 셋째, 악수를 할 때 두 사람 사이의 거리에 의해 악수의 느낌이 달라진다.

악수는 가급적 가까운 거리를 유지하고, 적당한 악력이 느껴지게, 일반적인 악수 시간보다 약간 더 길게, 상대방에 대한 호감을 전달하는 따뜻한 느낌으로 해야 한다. 흔히 한 손으로 악수하는 것이 일반적이지만 상대방에 대한 호의나 존중감을 전달하려면 두 손으로 악수하는 것도 좋은 방법이다. 또한 한 손으로 악수를 하며 다른 한 손으로 상대방의 팔을 잡거나 상대방의 어깨에 올려놓는 것도 스킨십에 도움이 된다.

2. 팔짱 : 팔짱은 적극적인 호감의 표현이 된다. 연인 또는 여성들 간에 많이 볼 수 있는 스킨십이며 남성 간에도 일부 나타난다. 아랫사람이 연장자에게 하는 경우도 많다.

3. 터치하기 : 상대방의 신체 일부를 터치하는 것이다. 손으로 상대방의 팔이나 어깨 등을 툭 치는 것, 팔꿈치로 상대방의 신체를 찌르는 동작 등이 해당된다.

4. 어루만지기 : 손으로 상대방의 신체 일부를 어루만지는 것이다. 손이나 얼굴을 만지는 동작, 머리를 쓰다듬는 동작 등이 해당

된다.

5. 손 두르기 : 상대방의 허리나, 어깨에 손을 두르는 행동이다. 친구 또는 남성 간에 많이 볼 수 있는 스킨십이다.

6. 두드려 주기 : 상대방의 신체 일부를 두드려 주는 행동이다. 보통 어깨나 등을 많이 두드려 주는데 상사가 부하에게, 부모가 자녀에게 자주 하는 스킨십이다.

7. 간지럼 태우기 : 상대방의 손, 발, 목, 겨드랑이 등에 간지럼을 태우는 것이다. 일반적으로 친밀한 관계에서 가능한 신체적 접촉이다.

8. 포옹 : 상대방의 신체를 안는 행동이다. 한때 프리허그가 이슈로 떠올랐던 때가 있었지만 아직까지는 매우 밀접한 관계에서만 가능한 스킨십이다. 포옹도 역시 힘, 시간, 밀착 간격 등에 따라 느낌이 달라진다.

9. 키스 : 가족, 연인처럼 아주 가까운 사이에서 나타나는 스킨십이다. 입술과 입술끼리 맞닿거나 또는 입술과 손, 얼굴 등 다른 신체 부위가 접촉하는 스킨십이다.

10. 기타 : 이외에 손 얹어놓기, 팔 흔들기, 업어주기, 팔베개, 안마 등도 넓은 의미에서 친밀감을 형성하는 스킨십이라고 생각할 수 있다.

이상과 같이 여러 가지 유형의 스킨십에 대해 살펴보았다.

스킨십은 매우 신중하게 이뤄져야 한다. 자칫 잘못하면 무례하게 보이거나 성적 행동으로 오해받을 수 있다. 가까운 사이일수록 깊은 단계의 스킨십이 이뤄지지만 반대로 적절한 수준의 스킨십은 강한 친밀감을 형성시켜 준다.

다른 사람과 대화할 때는 말만 하지 말고 여러 가지 유형의 스킨십을 적절하게 사용해보자.

친밀감을 형성하는 법 : 호의 제공

사람은 자기에게 잘 대해 주는 사람을 좋아한다. 특히 친밀감은 친근감과 유대감에 관한 감정으로 호의를 제공해 주는 사람에게는 유대감이 강화되고 그러면 결국 강한 친밀감이 형성된다. 호의 제공은 나에 대해 호의를 가지고 있다는 실제적인 증거로 인식되기 때문에 미사여구보다 친밀감 형성에 도움이 된다.

이스라엘 히브리대 연구진이 일반인 203명을 대상으로 조사했다. 먼저 실험 참가자들에게 각각 12달러(약 1만 1000원)씩 주었다. 그리고 "당신은 그 돈을 모두 가질 수도 있고, 돈의 전부 또는 일부를 타인에게 기부할 수도 있다"는 선택의 기회를 주는 게임을 실시했다.

참가자 중 평균적으로 절반 이상의 돈을 더 기부한 사람의 AVPR1a 유전자를 조사해 보니 프로모터promoter라는 핵심 요소가 더 긴 것으로 나타났다. 'AVPR1a' 유전자는 사회적인 유대감과 관런되는 바소프레신이라는 호르몬이 뇌세포에 작용하게 하는 역할을 한다.

미국 조지아의 에모리대학 래리 영 박사팀은 들쥐를 대상으로 실험하였다. 성실한 수컷 들쥐에게 '바소프레신'이란 호르몬을 차단하는 약물을 투여하고, 암컷에게 옥시토신을 차단하는 약물을 투여했더니 평소에는 암컷에게 자상하던 수컷이 교미가 끝나자마자 자취를 감추었고, 암컷도 수컷에 대해 흥미를 보이지 않았다. 반대로 바소프레신과 옥시토신 수용체의 양을 늘렸더니, 바람둥이 수컷 들쥐들이 갑자기 암컷과 새끼를 돌보는 데 전념하더라는 것이다.

사회에서 "Give & Take"를 말하는 사람은 많지만 실제로 실천하는 사람은 찾아보기 어렵다. 바소프레신, 옥시토신 같은 호르몬이나 또는 다른 유전자가 원인인지도 모르겠다. 인간관계는 내가 먼저 호의를 제공하고 배려해야 좋은 관계가 만들어진다. 입으로만 실천하지 말고 몸으로 실천하자.

사회에서 다른 사람에게 제공할 수 있는 호의에는 다음과 같은 종류가 있다.

1. 음료, 식사, 술 : 사회에서 가장 간단한 수준에서 이뤄지는 호의적 행동이다.

2. 선물 : 책, 꽃, 초콜릿, 화장품, 넥타이, 옷, 상품권 등의 선물을 제공할 수 있다.

3. 일 : 상대방의 일, 업무를 도와줄 수 있다.

4. 취미 : 상대방의 취미에 도움을 줄 수 있다

5. 가족 : 상대방의 가족과 관련된 일에 도움을 줄 수 있다

6. 애경사 : 상대방의 생일, 기념일, 애경사를 축하, 후원해 줄 수 있다.

7. 기타 : 상대방이 필요로 하는 자원을 제공해 준다. 돈, 자동차, 콘도회원권, 게임기, 기타 여러 가지 물질을 주거나 빌려 줄 수 있다.

사람들은 돈(일), 건강, 취미, 가족에 관련된 도움을 받으면 특별히 고마움을 더 느낀다. 따라서 다른 사람에게 호의를 제공할 때는 가장 먼저 네 가지 항목에 해당이 되는 도움을 주는 것이 좋다. 그러나 중요한 것은 내가 줄 수 있는 것을 주는 것이 아니라 상대방이 필요로 하는 것, 상대방에게 도움이 되는 것을 줘야 한다. 그

렇지 않으면 상대방은 감사함을 느끼지 못 한다.

그리고 호의 제공은 계산적인 마음이 아니라 Give & Forget, 또는 Give & Thank you의 마음으로 실천해야 한다. 받을 거 생각하고 주는 사람은 정떨어지고, 받으면서도 꺼림칙하기 마련이다. 그런 식의 호의 제공은 친밀감 형성에 아무런 도움을 주지 못한다. 오히려 거부감, 거리감만 형성한다.

호의 제공은 반드시 비싼 것, 또는 물질만을 의미하지는 않는다. 내가 줄 수 있는 것 중에서 상대방에게 도움이 될 것을 순수한 마음으로 주면 된다. 처음 만난 사람과 친해지려거든 또는 주변에 친해지고 싶은 사람이 있으면 호의를 제공하라. 그것이 인간관계를 가장 빨리 친밀하게 만들어 주는 지름길이다.

친밀감을 형성하는 법 : 체험 공유

친밀감은 친숙한 느낌과 관련된다. 인간관계는 자주 만나서 생각과 경험을 같이 하면 친숙해지고 그러면 친밀감이 형성된다. 따라서 처음 만난 사람과 친해지려면 여러 가지 경험을 함께 하는 것이 필요하다.

뉴욕주립대의 심리학자인 아서 아론Aron은 위기 상황에서 싹튼 인연일수록 천생연분이라고 여기는 경우가 많다고 주장한다. 상대가 매력적이라서 사랑에 빠지는 게 아니라 사랑에 빠지기 때문에 상대가 매력적으로 보인다는 설명이다. 남녀가 놀이공원에서 롤러코스트 같은 스릴이 있는 체험을 하면 아드레날린 분비가 많아져 흥분하게 된다. 그 상태에선 이성이 평소보다 더 매력적으로 보인다는 것이다.

심리학에 사용되는 용어로 "단순접촉의 효과", "에펠탑 효과"라는 것이 있다. 간단하게 말하면 자주 볼수록 친밀감이 형성된다는 것이다. 로마가 하루아침에 만들어지지 않았듯이 인간관계도 하루아침에 완성되지 않는다. 시간을 할애하여 함께 하는 시간을 많이 가져야 친밀해진다.

1. 차 : 가볍게 차를 마시며 대화한다.

2. 식사, 술 : 점심이나 저녁시간에 식사, 또는 술을 함께 한다.

3. 영화, 공연 : 영화, 연극, 공연, 전시 등에 함께 간다.

4. 스포츠, 레저 : 축구, 야구, 농구, K1 등의 스포츠를 함께 관람하거나 당구, 볼링, 등산, 골프 등을 함께 한다.

5. 여흥 : 노래방, 사우나 등을 함께 한다.

6. 교육 & 스터디 : 교육 과정에 참여하거나 스터디모임을 함께 한다.

7. 모임 : 단체나 협회, 모임에서 함께 활동한다.

8. 여행 : 두 사람이 또는 단체여행을 함께 간다.

9. 가족동반 모임 : 부부동반 또는 가족동반 행사를 함께 한다. 또는 집으로 초대한다.

10. 기타 : 취미생활을 함께 한다. 재테크를 같이 하거나 비즈니스를 함께 할 수도 있다.

이외에도 여러 가지 체험공유의 방법이 있을 수 있다. 중요한 것은 관점이다. 인간관계가 친밀해지려면 생각과 경험을 많이 공유해야 한다는 것을 명심하자.

가족관계도 마찬가지다. 부부끼리 또는 자녀와 친해지려면 체험을 많이 공유해야 한다. 다른 사람을 처음 만나면 그 사람과 어떤 유형의 체험을 함께 공유할 것인지 고민하고 실천하라.

친밀감을 형성하는 법 : 자기 공개

친밀감을 형성하는 다섯 번째 방법은 자기 공개다. 자신의 인간적인 면모를 상대방에게 드러내는 것이다. 텔레비전을 보면 연예인이나 유명인이 나와서 인터뷰를 할 때 공통적으로 나오는 이야기들이 있다. 바로 자신의 인간적인 면모를 오픈하는 것이다. 그러면 사람들은 인간적인 매력과 친밀감을 느끼게 된다. 친밀감을 형성하는 자기 공개에는 다음과 같은 것들이 있다.

1. 약점(결점) : 자신의 약점이나 결점을 사실 그대로 드러내면 오히려 인간적인 매력을 형성할 수 있다. 특히 지위가 높은 사람일수록 그 효과가 강력해진다.

2. 실수담 : 자신이 실수한 경험을 이야기 하면 인간적인 매력과 친밀감 형성에 도움이 된다.

3. 특이한 습관 : 잠버릇 등 자신의 특이한 습관을 밝히면 친밀감 형성에 도움이 된다.

4. 비밀 : 알려지지 않은 자신의 비밀을 털어놓으면 친밀감 형성을 도와준다.

5. 인간적인 갈등이나 고민 : 간적인 갈등이나 고민을 이야기하면 친밀감을 형성시켜 준다.

사람들은 잘난 사람보다는 약간 부족한 사람을 좋아한다. 완벽한 사람보다는 인간적인 결점이 있는 사람을 좋아한다. 뛰어난 재능과 실력으로 큰 성공을 이루었지만 인간적인 면모를 간직하고 있는 사람에게는 더 강한 친밀감을 갖는다. 따라서 다른 사람의 마음을 얻으려면 지나치게 잘난 척하거나 완벽해지려 노력할 필요는 없다. 자신의 약점, 습관, 고민거리를 진솔하게 털어놓는 것이 다른 사람들의 호감과 친밀감을 얻는 길이다.

강의를 나가 교육생 중에 여성이 많을 경우에 나는 이렇게 말을 시작한다.

"저는 지금 굉장히 떨립니다. 그 이유는 여기 계신 여성분들이 정말로 아름답기 때문입니다. 얼굴도 아름답지만 배우고자 하는 열정이 눈부시네요. 여러분들의 얼굴이 너무나 눈부셔서 제가 눈을 똑바로 뜰 수가 없습니다. 여러분은 어떤가요? 여러분도 제 얼굴을 바라보면 눈이 부시죠? 눈을 똑바로 뜰 수가 없으시죠?"

이 말을 듣는 교육생들은 일제히 웃음을 터뜨리기 시작한다. 왜냐하면 내 머리가 번쩍번쩍 빛나는 "빛나리"이기 때문이다. "빛나리"라는 약점(?)을 사실 그대로 털어놓음으로 해서 교육생들의 긴장을 허물고 호감과 친밀감을 형성하는 좋은 방법으로 활용할 수 있는 것이다.

이처럼 자기 공개는 친밀감 형성에 많은 도움이 된다. 다만 적절한 수준으로 자기 공개의 내용과 단계를 조절하는 것은 필요하다. 아무 생각 없이 자기 공개가 이뤄지면 불신감, 혐오감, 거부감 등의 부정적 이미지를 형성할 수 있다.

사람은 대부분 마음의 벽을 쌓고 살아가며 마음의 문을 먼저 여는 것을 두려워한다. 따라서 자기 공개는 많은 노력과 훈련이 있어야 자연스럽게 이뤄질 수 있다. 무엇보다 가족들에게 자기 공개를 많이 해보자. 그 다음으로 직장에서 상사, 동료, 부하들에게 자기 공개를 노력해 보자. 그러면 사회에서도 자연스럽게 자기 공개를 할 수 있을 것이다.

자기 공개는 내 마음의 벽을 허물고 내가 먼저 마음의 문을 여는 일이다.

인간관계를 가깝게 하는 7가지 요소

처음 만난 사람들과 쉽게 친해질 수 있다면 얼마나 좋을까? 알고 지낸 지 오래되었는데 아직 멀게만 느껴지는 사람과 친해지려면 어떻게 해야 할까? 사람과 사람이 가까워지는 데 영향을 주는 요소는 여러 가지가 있는데, 대표적인 것들은 다음과 같다.

1. 매력 : 매력은 호감을 형성하는 법에서 이야기했듯이 다른 사람을 끌어당기는 매력 포인트다. 외모, 능력, 성품, 성격, 개인적 특징 등에 매력 포인트가 있는 사람은 다른 사람과 친해지기 쉽다.

2. 유사성 : 두 사람이 공통적으로 가지고 있는 유사성이 있으면 인간관계가 가까워지기 쉽다. 사회에서 다른 사람을 처음 만나면 자주 질문하는 사항들이 있는데, 이런 사항들이 유사성을 통해서 빨리 친해지려는 노력들이다.

- 출신(고향, 집안, 학교 등)

- 경력(회사, 업무, 모임, 단체, 활동사항 등)

- 경험(여행, 공연, 스포츠, 취미, 특이한 경험 등)

- 신념(종교, 정치, 가치관 등)

- 개인적 특징(혈액형, 생일, 키, 몸무게, 습관, 버릇 등)

영국 에버딘대학 리사 드브린느 박사팀은 사람 얼굴 사진을 보여주면서 가장 믿음이 가는 얼굴을 고르게 하는 실험을 진행했다. 실험 결과 참가자들은 자신과 닮은 얼굴에 대해 신뢰감을 표현했다. 반대로 매력적인 이성을 고르는 실험에서는 자신과 다르게 생긴 얼굴에 호감을 나타냈다. 비즈니스는 나와 닮은 사람과 하고 연애는 다른 생김새의 사람이기를 원한다는 것이다.

드브린느 박사는 조사결과에 대해 "진화 과정에서 근연近緣 교배 회피 본능 때문"이라고 분석했다.

3. 보완성 (보상성) : 두 사람 사이에 보완되는 요소가 있거나 미래에 보상이 이뤄질 가능성이 높으면 관계가 가까워진다.

- 일과 관련된 보완성

- 취미나 관심 사항에 관련된 보완성

- 목표나 계획에 관련된 보완성

- 정서적인 보완성

4. 상호성 : 사람은 자신을 좋아하는 사람을 좋아한다. 내가 상대방에게 적극적인 관심과 호감을 갖고 그것을 전달하면 상대방도 나에게 호감을 갖고 가까워지려 노력하게 된다.

5. 공시성 : 두 사람의 관계가 얼마나 명확하게 표현될 수 있느냐에 따라 친해지려는 노력이 달라진다. 사회에서 공시성을 가장 잘 활용하는 사례는 다른 사람을 "형님"으로 부르는 것이다. 사람의 행동은 나를 어떻게 부르느냐에 따라 행동이 달라진다. 나를 형님으로 호칭하고 형 동생의 관계로 정립하면 나는 상대방을 동생처럼 대하게 된다. 비슷한 연배의 사람끼리 "친구" 관계를 맺는 것도 마찬가지다.

6. 친숙성 : 친숙성은 친밀감을 형성하는 방법 중에서 체험공유와 관련된다. 인간관계는 생각과 경험을 함께 한 시간이 많을수록 가까워진다. 따라서 자주 만날 수 있도록 노력하고, 만나기 어려우면 전화, 메일, 문자 메시지를 통해서라도 자주 연락을 주고받는 것이 관계를 가깝게 해 주는 데 도움이 된다.

7. 개방성 : 개방성은 자기 공개와 관련된다. 나에 대해 알아야 호감, 기대감이 형성된다. 나에 대해 알아야 불안감, 경계심이 해소된다. 나에 대해 알아야 친숙성이 높아진다. 인간관계를 가깝게 하고 싶으면 나에 대해 많이 알려주는 것이 필요하다.

지금까지 인간관계를 가깝게 해 주는 일곱 가지 요소에 대해 알아보았다. 이 사항들은 친밀감뿐만이 아니라 5감의 형성에 전체적으로 영향을 주는 요소들이다.

인간관계를 가깝게 하려면 나만의 매력 포인트를 만들어라. 다른 사람을 처음 만났을 때는 빠른 시간 내에 유사성, 보완성을 찾아라. 상대방에게 호감과 관심을 표시하고, 나에 대해 적극적으로 알려주며, 함께 있는 시간을 많이 갖자. 형, 동생, 선배, 후배, 친구의 관계로 정립하면 친밀한 관계로 발전될 가능성이 높다.

인간관계를 가깝게 해 주는 일곱 가지 요소를 잘 활용하여 다른 사람들과 친밀함을 나눠보자.

형님으로 모시겠습니다

인생을 살다 보니 선배도 생기고 후배도 생긴다. 어떤 사람은 형님으로 부르고 어떤 사람은 동생이라 부른다. 생각해 보면 나는 참 인복이 많은 편이다. 지금까지 살아온 날을 돌이켜 보면 언제 어디에 있던지 참 좋은 동생들이 항상 내 곁에 있었다. 하나같이 내게는 과분한 사람들이요 자랑스러운 사람들이다.

강의를 할 때, 교육생에게 간단한 게임을 시키는 경우가 있다. 먼저 옆에 앉은 사람과 가위 바위 보를 하게 한다. 그 다음에 진 사람이 일어나서 이긴 사람에게 정중하게 인사하며 다음과 같이 말하라고 시킨다.

"형님으로 모시겠습니다."

교육생들은 웃음을 터뜨리며 진 사람이 이긴 사람에게 절을 꾸벅하고 "형님으로 모시겠습니다." 라고 말한다. 이긴 사람에게는 "가문의 영광입니다." 라고 말하게 시킨다. 그리곤 인간관계와 상호성에 대한 주제로 강의를 시작하곤 한다,

다른 사람과 친밀한 관계로 발전되는 가장 좋은 방법은 상대방을 "형님으로 모시는 것"이다. 왜냐하면 인간관계는 대부분 호칭이 좌우하기 때문이다.

내 경우를 살펴보자. 다른 사람들이 나를 부르는 호칭은 무려 수십 가지가 넘는데, "회장, 대표, 소장, 카페지기, 교수, 선생님, 강사, 작가, 선배, 오라버니, 오빠, 형님, 형, 사부님 등등"이다. 심지어 어떤 후배는 나를 '두목'이라고도 부른다.

그런데 상대방이 나를 어떻게 부르는가에 따라 내가 상대방을 대하는 행동도 달라진다. 나를 대표님이라 부르면 대표처럼 행동하고, 나를 선배님이라 부르면 선배처럼, 나를 형님이라 부르면 형처럼 행동한다. 그리곤 상대방을 대하는 행동에도 변화가 온다. 이것이 바로 인간관계의 공시성이다.

사회에서 원만한 인간관계를 맺는 사람들을 눈여겨 살펴보면 대부분 "형님"을 잘 모시는 사람들이다. 자신보다 나이가 조금만 많아도 바로 "형님으로 모시겠습니다." 라고 말한다. 그런데 세상 사람들은 누구나 인정받고 싶고, 누구나 존중받고 싶어 한다. 매슬로의 욕구 5단계에도 존경의 욕구는 사다리의 윗 단계에 위치한다. 나를 형님으로 인정하고 존중하겠다는데 싫어할 사람이 세상에 어디 있겠는가?

그런데 재미있는 사실은 상대방이 "형님으로 모시겠습니다." 라고 말하는 것을 허락하는 순간, 나는 상대방에게 "동생으로 잘 보살피겠습니다." 라고 말하는 셈이 된다는 점이다. 그리고 익히 알고 있듯이 선배는 영원한 물주요, 형님은 영원한 후견자로서 역할을 하게끔 되어 있다.

따라서 누군가와 친근한 관계로 발전하고 싶으면 공식적인 관계에만 머물지 말고 인간적인 관계로 발전시켜라. 나이가 많으면 형님으로 모시고, 나이가 어리면 후배로 보살펴라. 쓸데없는 자존심일랑 버리고 지금 옆에 있는 사람에게 공손하게 말하라.

"형님으로 모시겠습니다."

망가지면 좋아한다

인간관계에서는 멋진 모습을 보여주는 것 못지않게 망가진 모습을 보여주는 것이 관계 형성에 도움이 된다. 그러나 때와 장소, 상대방에 따라 적절하게 망가지는 것이 중요하다. 자칫 잘못하면 반감이나 불신감을 형성할 수도 있다. 망가지는 법에 대해 알아보자.

1. 말

전문적인 말, 품격 있는 말만 하는 것이 아니라 적절하게 통속적인 말, 유행어, 단순한 유머를 사용하는 것이다. 또는 자신이 약간 모자란 척, 바보스러운 척하며 망가지기도 한다.

"지금까지 다른 사람에게 호감을 형성하는 일곱 가지 요소에 대해 말씀드렸습니다. 이렇게 열심히 설명했는데 여러분이 실천 안 하면 저는 어떻게 될까요? 열라 열받습니다."

"다음은 대인관계 4번째 유형입니다. 내가 다른 사람에게 문자를 보냈는데 답신이 안 오는 것을 전문용어로 뭐라고 하죠? 네, 맞습니다. 씹는다고 합니다."

2. 복장 (용모)

점잖은, 일상적인 복장에서 벗어나 파격적인 복장을 하는 것이다. 김정태 하나은행장은 사내체육대회에서 각설이 복장으로 퍼포먼스를 하였다고 한다. 텔레비전에 자주 등장하는 C 강사는 빨갛고 노란 색으로 머리염색을 하고 전혀 어울리지 않아 보이는 특이한 옷차림으로 시선을 끌고 하는데, 역시 세련미보다 망가지는 모습을 보여주는 전략이라 생각된다.

3. 표정 (제스처)

특이한 표정이나 제스처를 지어 망가지는 것이다. 내가 잘 아는 Y 대표는 원숭이 표정을 흉내 내는 장기가 있다. 자신의 장기를 보여주겠다며 원숭이 얼굴을 지어 보이면 대부분의 사람들이 배꼽을 잡는다. 대한생명 FC로 근무하는 J는 평상시에 코미디 프로그램을 보며 연습을 하면서 웃기는 제스처를 고객에게 보여준다. 연예인 중에는 막춤으로 망가지거나 우스꽝스러운 몸개그로 망가지는 모습을 보여주는 사람도 많다.

4. 욕구

인간적인 욕구를 솔직하게 노출하는 것이다. 개그맨 강호동은 프로그램 중에 음식에 대한 식탐을 있는 그대로 보여준다. 어느 정도는 각본에 따른 설정일 수도 있지만 음식에 대한 욕구를 그대로 드러내며 망가지는 모습을 보여준다. 강호동과 함께 1박 2일이라는 프로그램에 출연했던 은지원의 경우 잠에 취해 망가지는 모습이 종종 나온다. 개그맨 김구라는 돈에 대한 욕구를 솔직하게 이야기하는 모습을 많이 본다.

5. 갈등 (고민)

자신의 갈등이나 고민을 오픈하는 것이다. 나는 인간관계를 전문으로 칼럼을 쓰고 강의를 하는 사람이다. 기업체에 교육을 나가 인간관계나 가족관계에 대해 강의를 할 때 내가 가정에서 겪는 갈등이나 고민을 이야기한다.

"강의 중에 말은 그럴듯하게 하지만 저도 아내와 자주 싸웁니다. 어젯밤에도 말다툼을 했어요. 집 근처에 있는 영화관에서 심야영화를 보고 집으로 돌아오는 중이었습니다. 횡단보도가 2개 있는데 어느 쪽 횡단보도로 건널 것인지를 놓고 다퉜어요. 아내는 바로 앞에 있는 횡단보도에서 신호를 기다렸다가 건너자고 했고 저는 100미터 위쪽에 있는 횡단보도는 신호가 없으니 그쪽으로 건너자고 했어요. 이렇게 단순한 문제도 서로 의견이 달라 싸웁니다. 강의를 하고 책을 썼다고 제가 인간관계를 잘할 것으로 생각하지만 실제는 그렇지 않습니다. 인간관계는 정말 어렵습니다."

6. 약점 (결점)

자신의 약점이나 결점을 있는 그대로 보여줌으로써 망가지는 것이다. 연예인 중에 노래를 못 부르는 사람으로 서민정, 김성은이 있다. 이 두 사람은 방송 프로그램에 출연하여 절대음치의 노래 실력으로 망가지는 모습을 자주 보여주었다. 자신의 얼굴, 키, 특이한 신체 특징을 활용하여 망가질 수도 있다.

7. 인지상정

인간적인 감정을 그대로 드러내는 것이다. 탤런트 김자옥 씨가 방송에 출연하여 부부관계에 관해 인터뷰를 하였다. 사회자가 마지막으로 "다시 결혼을 한다면 지금의 남편과 결혼하고 싶습니까?" 라는 질문을 하였다. 김자옥 씨가 대답하길 "아뇨. 그렇게 훌륭한 사람을 제가 계속 독차지해서는 안 되죠. 다른 사람에게 양보해야죠." 라고 대답하였다. 참으로 솔직하고 멋진 대답이다. 우리가 가끔 쓰는 말 중에 팔불출이라는 단어가 있다. 아내나 자식에 대한 자랑, 또는 사랑을 지나치게 많이 표현하는 사람을 가리키는데 팔불출이 되는 것 또한 매력적으로 망가지는 방법이다.

이외에도 자신의 실수담, 실패한 경험, 비밀, 특이한 버릇 등을 자연스럽게 공개하며 망가질 수도 있다. 망가진다는 것은 기대하지 못했던 의외의 모습, 가식적이거나 위선적이지 않은 진솔한 모습, 동질감을 느낄 수 있는 모습을 드러내어 인간적인 매력을 형성하는 것이다. 지나치게 전략적으로 하지 말고 자신의 내면의 모습을 있는 그대로 보여준다는 마음이 바람직하다.

다른 사람들을 내 편으로 만들고 싶으면 망가진 모습을 많이 보여주도록 하자.

배려할 때는 역치를 고려하라

인간관계에서 배려는 세 가지 방법으로 나타나는데, 첫째는 돈이나 물질의 제공, 둘째는 후원이나 협력, 셋째는 따뜻한 말과 행동을 베푸는 것이다.

고객관리와 비교하여 인간관계도 다음과 같은 4가지 단계로 구분해볼 수 있다.

1. 불만족 : 상대방에 대해 불만을 많이 느끼는 단계
2. 보통 : 상대방에 대해 특별한 만족이나 불만이 없는 단계
3. 만족 : 상대방에 대해 만족을 느끼는 단계
4. 감동 : 상대방에 대해 감사와 감동을 느끼는 단계

기업에서는 고객 만족이 아니라 고객 감동이 필요하다고 이야기한다. 감동을 받은 고객이 충성 고객이 되고 충성 고객이 주변에 홍보를 해 주고 재계약, 재구매를 해 주기 때문이다.

따라서 기업의 입장에서는 보다 많은 고객을 충성 고객으로 만들려는 노력이 중요해진다. 인간관계도 마찬가지다. 나와 관계를 맺고 있는 사람 중에는 불만족을 느끼는 사람, 특별한 만족이나 불만이 없는 사람, 만족을 느끼는 사람, 감동 받은 사람이 있을 수 있다. 그중에서 가장 좋은 관계는 역시 감동을 받은 사람이다. 따라서 나에게 감동을 받은 사람이 많도록 노력해야 한다.

감동은 역치를 초과하는 수준의 자극을 받았을 때 이뤄진다. 역치는 "생물체가 자극에 대한 반응을 일으키는 데 필요한 최소한의 자극의 강도를 나타내는 수치"를 의미한다. 슬픈 영화를 보고도 슬퍼하거나 눈물을 흘리는 반응이 다르고, 웃기는 코미디를 보고도 즐거워하거나 웃는 반응이 다른 것은 사람마다 역치의 크기가 다르기 때문이다.

다른 사람에게 배려할 때는 역치를 생각하며 배려하라. 내가 줄 수 있는 것을 모두 줬다고 감동이 오는 것은 아니다. 상대방이 필요로 하는 것을 배려해야 한다. 상대방이 기대하지 못했던 것을 주면 감동이 올 수 있다. 상대방이 기대했던 수준보다 많이 주면 감동이 올 수 있다. 돈이나 물질뿐만이 아니라 따뜻한 말 한마디에도 감동이 올 수 있다.

옛날 어떤 병사가 부상을 입어 다리에 고름이 심하게 생겼는데, 지나가던 장군이 말에서 내려 자신의 입으로 고름을 짜 주었다.

그런데 이를 지켜보던 병사의 어머니가 갑자기 대성통곡을 하기 시작하였다. 옆에 있던 다른 병사가 이상한 생각이 들어 어머니에게 물어보았다.

"지체 높은 장군이 아들의 고름을 직접 입으로 짜 주었는데 어찌 그리 슬피 우시오?"

"몇 년 전 저 장군이 내 남편의 고름도 입으로 짜 주었소. 그러자 그 사실에 감동을 받은 남편이 전쟁터에서 물러서지 않고 죽을 힘을 다해 싸우다 결국 전사하고 말았소. 이제 내 아들도 똑같은 운명을 맞지 않을까 걱정되어 우는 것이오."

결국 따지고 보면 인간관계의 핵심은 감동이다. 나에게 감동 받은 사람은 충성 인맥이 되고 나에게 불만족을 느끼는 사람은 불만 인맥이 된다.

따라서 배려는 무엇을 하느냐도 중요하지만 감동을 줄 수 있느냐 없느냐를 생각하며 배려해야 한다. 다른 사람에게 배려할 때는 감동을 줄 수 있도록 배려하라.

CHAPTER 6

신뢰감

먼저 네 편이 되라

신뢰감이란 무엇인가?

　기원전 4세기경 그리스에 피시아스와 다몬이라는 두 명의 친구가 있었다. 어느 날, 피시아스가 중요한 법률을 어겨 교수형에 처할 운명에 놓여졌다. 피시아스는 왕에게 나아가 간청하였다.

　"대왕님, 저에게 늙은 어머니가 계시는데 죽기 전에 꼭 한 번만 보고 싶습니다. 노모를 만날 수 있도록 저를 풀어주십시오. 반드시 돌아와서 교수형을 받겠습니다."

　"안 된다. 내가 어떻게 너를 믿을 수가 있느냐?"

　왕은 단호하게 피시아스의 청을 거절하였다. 이때 다몬이 나타나 왕에게 말하였다.

　"대왕님, 저를 인질로 잡고 피시아스를 놓아주십시오. 만약 피시아스가 약속한 날까지 돌아오지 않으면 제가 대신 죽겠습니다."

　왕은 피시아스를 풀어주고 다몬을 감옥에 가두었다. 어느덧 시간이 흘러 약속한 날이 되었지만 피시아스는 돌아오지 않았다. 대왕은 다몬을 교수형에 처하라는 명령을 내렸다. 마침내 다몬의 목에 칼이 떨어지려는 순간, 멀리서 피시아스의 목소리가 들려왔다.

"멈춰라. 피시아스가 돌아왔다. 천재지변 때문에 조금 늦은 것이니 내 친구 다몬을 풀어다오."

신뢰감은 인간관계 발전의 마지막 과정이다. 처음 만난 두 사람이 일정한 단계를 거쳐 신뢰가 형성되면 장기적, 지속적인 강한 연결 관계가 만들어진다. 신뢰감은 기대감 형성에도 영향을 미친다. 신뢰감이 형성되면 기대감이 함께 형성되지만, 신뢰감이 없으면 기대감도 형성되지 않는다. 따라서 기대감을 형성할 때는 신뢰감을 함께 생각해야 한다. 신뢰는 관계의 유형에 따라 여러 가지 다양한 의미로 사용된다.

A. 기업
S전자에서 만드는 가전제품은 기본적으로 믿음이 갑니다.

B. 직장
김 과장의 능력을 믿네. 이번 프로젝트를 성공리에 완수해 주게.

C. 고객
이 식당은 믿어도 돼. 화학조미료를 일체 사용하지 않는 곳이야.

D. 영업사원

저를 믿고 계약하십시오. 가장 저렴한 가격으로 판매하는 겁니다.

E. 친구

너 나 믿지? 3개월만 빌려 쓰고 이자까지 더해서 갚아줄게.

F. 연인

나는 그의 사랑을 믿어. 결코 내 재산 때문에 결혼하자는 것이 아냐.

G. 독자

이 책을 읽으면 사람의 마음을 얻는 방법을 배울 수 있을 것 같다.

이처럼 신뢰는 여러 가지 상황에 따라 다르게 해석되지만 기본적으로는 세 가지 속성에 관련되어 있다.

1. 유능성 : 상대방의 능력과 실력을 믿는 것이다.

2. 호의성 : 상대방이 좋은 사람, 나에게 호의를 가지고 있다는 것을 믿는 것이다.

3. 성실성 : 대방이 변함없이 일관된 행동을 할 것이라고 믿는 것이다.

예를 들면 다음과 같다. 두 사람의 남녀가 1년간의 연애 끝에 결혼을 결정해야 하는 순간이 되었다. 남성의 프러포즈를 받은 여성은 무엇을 신뢰해야 결혼을 승낙하게 될까?

첫 번째, 호의성을 믿어야 한다.

자신을 진심으로 사랑한다는 사실을 신뢰해야 결혼을 승낙할 수 있다. 따라서 남성은 "당신을 진심으로 사랑합니다." 라는 표현을 통해 자신의 호의성을 전달하게 된다.

두 번째, 유능성을 믿어야 한다.

상대방과 결혼하면 행복하게 살 수 있을지, 고생은 안 할지에 대한 신뢰가 생겨야 결혼을 승낙하게 된다. 따라서 남성들은 "손가락 끝에 물방울 하나 안 묻히게 해 줄게." "여왕처럼 모시고 살게." 이와 같은 표현을 통해 자신의 유능성을 확신시키려 노력한다.

세 번째, 성실성을 믿어야 한다.

상대방의 사랑이 변심할 것 같거나, 불성실하고 비도덕적인 생활에 빠질 것 같으면 결혼을 승낙하기 어렵다. 따라서 남성들은 "영원히 변함없이 사랑합니다"와 같은 표현을 하고 음주가무, 도박, 투기 등 불성실한 모습은 일체 드러내지 않는다.

대인관계에서 신뢰감을 형성하는 법은 이 3가지 요소에 대해 상대방의 마음에 믿음을 주면 된다. 세상에서 신뢰를 가장 잘 형성하는 사람은 누굴까? 바로 "사기꾼"이다. 남녀 문제에 있어서는 "선수"다. 자신이 좋은 사람이며, 상대방에게 악의가 없고, 유능하며, 한번 한 약속은 반드시 지키는 사람이라는 믿음을 다른 사람들에게 잘 형성하는 사람들이다.

신뢰는 사기꾼이나 선수들에게만 중요한 것이 아니라 모든 사람에게 중요하다. 신뢰를 얻을 수 있어야 인간관계, 업무, 비즈니스에 도움을 받을 수 있다. 신뢰가 있어야 취업도 가능하고 결혼, 사업도 가능하다. 신뢰는 본질도 중요하지만 이미지도 무시해서는 안 된다. 인터넷에 있는 유머 중에 다음과 같은 것이 있다.

A : "서울대학교에 다니는 학생들이 배낭을 메고 등산을 가면 뭐라고 이야기할까?"

B: : "열심히 공부하다 쉬러 가는구나."

A : "지방대학을 다니는 학생들이 배낭을 메고 등산을 가면 뭐라고 이야기할까?"

B : "저 학생들은 날마다 놀러만 다니네."

없는 것을 있는 것처럼 말하면 사기가 되지만 자신의 본질이 왜곡되지 않고 정확하게 전달되어 신뢰를 얻을 수 있는 능력도 현대사회에서는 매우 필수적인 역량이다. 다른 사람에게 신뢰를 형성할 수 있는 방법을 다음 장에서 알아보자.

신뢰감을 형성하는 다섯 가지 방법

신뢰감을 형성하는 방법은 크게 다섯 가지 유형으로 구분된다. 가장 중요한 것은 신뢰의 특성 자체를 이해하는 것이다. 일반적으로 신뢰감은 단기간에 빠른 속도로 형성되기보다는 장기간에 걸쳐 느리게, 조금씩 형성된다. 다만, 다섯 가지 유형의 방법을 얼마나 잘 활용하느냐에 따라 신뢰감이 형성되는 속도나 강도가 달라질 수 있다.

1. 호의의 표현 : 신뢰감은 호의성, 유능성, 성실성에 관한 감정이다. 일반적 관계에서는 상대방에 대한 호의를 지속적, 반복적으로 표하는 것이 신뢰 형성에 도움이 된다. 연인 사이에 사랑의 고백, 친구 사이에 우정의 표현, 직장에서 상사나 동료, 부하에 대한 호감의 표시는 모두 신뢰감 형성에 큰 도움이 된다. 고객에 대한 호의를 표현하는 것은 경계심, 피해의식을 해소시키며 신뢰를 촉진시켜 준다.

2. 현실적 도움의 제공 : 호의의 표현도 중요하지만 100마디 말보다 1번의 실제적인 도움이 신뢰 형성에 강력하게 작용한다. 고등학교 친구들끼리 평생의 우정을 다짐하지만 대출 보증을 거절하는 친구와 부탁을 들어주는 친구에게 느끼는 신뢰감은 매우 달라질 수밖에 없다. 사람은 말로만 판단하지 않으며 말만 듣고 믿음을 갖는 경우도 많지 않다. 실제로 도움이 필요한 경우가 생겼을 때 상대방의 행동을 보고 신뢰감을 갖게 된다.

3. 일관된 말과 행동 : 평상시에 어떤 말과 행동을 하느냐가 신뢰 형성에 영향을 준다. 약속 시간을 어기거나 자신이 할 말을 지키지 않는 행동은 불신감을 형성한다. 불법적이고 비윤리적인 행동을 하는 것도 불신감을 형성한다. 반대로 작은 약속 하나도 철저하게 지키는 모습을 보여주는 것은 신뢰 형성에 큰 도움이 된다. 자신이 한 말과 행동이 일치되도록 노력해야 한다.

4. 자기 공개 : 인간관계는 처음 만나서 서로에 대해 알아가고, 이해하고, 공감하고, 친밀해져야 신뢰감이 형성된다. 내가 잘 모르는 사람에게는 경계심, 거리감이 느껴진다. 따라서 신뢰감을 형성하려면 가급적 나에 관한 사실들을 많이 알려주는 것이 효과적이다. 내가 어떻게 살아왔는지, 어떤 사람인지, 어떤 목표와 계획을 가지고 있는지, 기타 가족관계 등 나에 관한 정보를 많이 알려주는 것은 불확실성과 불안감을 해소하며 신뢰감 형성에 도

움이 된다.

5. 설득 커뮤니케이션 : 신뢰감은 장기간에 걸친 깊은 수준의 신뢰감도 있지만 짧은 시간에 형성되는 낮은 수준의 신뢰감도 있다. 지하철에서 잡상인이 물건을 팔 때는 낮은 수준의 신뢰감만 있어도 된다.

영업사원이 고객을 만나 상담하는 과정에는 중간 수준의 신뢰감이 필요해진다. 사업을 함께 하거나, 운명을 함께 하는 사람들에게는 높은 수준의 신뢰감이 요구된다.

어떤 경우든 설득 커뮤니케이션이 중요한 영향을 미친다. 설득 커뮤니케이션은 신뢰감을 형성하기 위한 언어적 표현법이다. 대인관계에서 설득 커뮤니케이션 잘 활용하면 손쉽게 신뢰감을 형성할 수 있다.

구체적인 방법에 대해서는 다음 장에서 알아보기로 한다.

지금까지 신뢰감을 형성하는 방법에 대해 알아보았다. 다섯 가지 방법을 적절하게 실천하여 가족, 직장, 모임에서 나에 대한 신뢰감을 높여보자.

신뢰는 설득이다

설득 커뮤니케이션은 다른 사람에게 나에 대한 신뢰감을 형성하는 언어적 표현 기법이다. 신뢰감은 크게 유능성, 호의성, 성실성에 관련된 감성이라고 이야기하였다.

따라서 설득 커뮤니케이션은 유능성, 호의성, 성실성을 형성하는 커뮤니케이션 기법이라고 생각하면 된다.

몇 개월 전, 평소에 친분이 있던 K 법무사로부터 전화가 걸려왔다. 오랜만에 점심식사를 함께 하자고 이야기한다. 마지막으로 본 지가 6개월 정도가 지났는데, 그 사이 역삼동에 있는 L 호텔에 사무실을 얻었다고 말한다. 약속을 정하고 정해진 날짜에 L 호텔로 찾아갔는데, 놀랍게도 한 개 층 전체를 사무실로 빌려 쓰고 있었다. 전체 면적이 94평인데 원목과 대리석, 고풍스러운 집기들로 사무실이 휘황찬란하였다. 잠시 후, 식사를 하며 궁금한 점을 물어보았다.

나 : "좋은 곳에 사무실을 얻으셨네요? 그동안 변화가 많았던 것 같습니다."

K : "네. 여러가지 변화가 있었죠. 그리고 이 정도 사무실은 얻어야 사람들이 의심을 안 합니다. 제가 최근에 수 천 억짜리 사업을 시작했거든요."

나 : "이 정도 사무실이면 임대료만 해도 무척 비싸지 않나요?"

K : "얼마 안 합니다. 하루 빌리는 데 500만 원인데 1개월치를 선불로 주는 조건으로 4,000만 원에 임대했습니다."

나 : "그 정도 임대료를 내자면 돈을 많이 버셔야 되겠어요?"

K : "제가 국제적인 사업의 총괄 본부장을 맡았어요. 허름한 사무실에서 사업설명회를 해보니 사람들이 투자를 하지 않습니다. 그래서 2주 전에 이 사무실을 얻었죠. 사람들이 이곳에 와보면 대부분 의심을 버리고 제가 하는 말을 믿기 시작합니다. 규모가 크고 안정적인 사업이라는 것을 믿게 되죠."

나 : "네. 그렇겠네요. 그런데 어떤 사업을 하시게 된 건가요?

K 법무사의 이야기를 정리해 보니 다음과 같았다.

- 2005년 주변 지인의 소개로 부동산개발업체에 600만 원을 주고 강원도 땅에 투자함.
- 6개월마다 배당을 받기로 하였으나 2년 동안 연락이 없자 사기꾼으로 생각하고 사무실로 쫓아감.
- 담당 직원과 상담 후에 오히려 정반대로 2,750만 원을 추가

• 투자함.

– 대박사업이라 판단하고 1개월 후에 직접 사업에 뛰어들기로 결심함.

– 대출 및 주변에서 돈을 빌려 사무실을 4천만 원에 임대함.

약속을 마치고 사무실로 돌아오니 몇 가지 생각이 떠올랐다.

첫째, K 법무사가 상담한 부동산개발업체 직원은 사람의 신뢰를 형성하는 데 천부적인 능력을 가진 설득 커뮤니케이션의 달인이었을 것이다.

둘째, K 법무사 역시 4천만 원을 들여 고급사무실을 임대한 것은 다른 사람의 신뢰를 형성하기 위한 기법이다.

셋째, 설득 커뮤니케이션은 역시 위대(?)하다.

3개월쯤 지난 후 K 법무사에게 전화해 보니 번호가 변경되어 연락이 되지 않았다. 추측해보건대 추진하던 사업이 대박보다는 쪽박으로 결론이 나지 않았을까 생각된다. 아쉬운 일이지만 우리 주변에서 흔히 목격하는 일들이다. 설득 커뮤니케이션에는 다음과 같은 기법들이 주로 이용된다.

1. 유능성

자신의 유능성을 전달하기 위한 기법으로는 학력, 경력, 자격증, 상벌, 저작물, 언론방송, 단체, 전문성, 정보, 권위, 후광효과, 사회적 증거 등이 활용된다. 자기소개나 대화 중에 이런 항목들에 관한 사실들을 자연스럽게 언급하는 것이다. 자칫 잘못하면 잘난 척으로 비쳐질 수 있기 때문에 조심스럽게 표현해야 한다.

"저는 한국기업교육협회의 회장을 맡고 있습니다."

"이번에 15번째 책을 출판하였는데 베스트셀러 8위에 올랐습니다."

"최근에 KBS 9시뉴스 인터뷰를 하였고 KBS라디오에 고정패널로 출연 중입니다."

"저는 청와대, 외교통상부, 삼성, 현대, KT, 포스코 등 정부 및 국내 대기업에 강의를 나가고 있습니다."

내가 알고 있는 사람 중에는 S 강사가 설득 커뮤니케이션에 능한 사람이다. 그는 자신의 강의를 듣고 메일로 후기를 보내온 사람의 글 중에서 칭찬만 따로 모아 책자로 제작하였다. 그리고 그 책자를 교육담당자들에게 홍보자료로 발송한다. 또한 자신이 회사에 재직했을 때 받았던 그룹 회장의 표창장과 자신이 최고로 많이 받았던 연봉 내역을 인쇄하여 다른 사람에게 보여준다. 당연히 사람들은 S 강사의 능력에 대해 신뢰를 갖게 된다.

영어 코칭을 전문으로 하는 L 대표도 처음 만난 지 1시간 만에 자신의 유능성을 매우 강력하게 형성했던 경우다. 아래와 같은

3가지 사항을 대화 중에 자연스럽게 이야기하였다.

첫째, 국내 대기업의 임원들을 대상으로 영어 개인과외를 하고 있다.

둘째, TOEIC 시험에서 만점을 2번 받았다.

셋째, 스티븐 코비가 내한하였을 때 일대일 인터뷰를 진행하였다. 이때부터 나는 L 대표가 최고의 영어전문가라는 신뢰감을 가지게 되었다.

2. 호의성

자신의 호의성을 전달하기 위한 기법으로는 종교, 봉사활동, 가족, 상벌, 권위, 연상효과, 사회적 증거 등이 많이 활용된다.

"저는 어렸을 때부터 부모님의 영향으로 독실한 종교생활을 하고 있습니다."

"저는 주말이 되면 양로원에 방문하여 노인들을 위해 봉사합니다."

"저는 이 세상에서 가장 소중한 것은 가족이라고 생각합니다. 100억 원을 주어도 가족과는 바꿀 수 없습니다."

"제가 가장 존경하는 인물은 아버지입니다. 저희 아버님은 평생 정직과 신용으로 살아오신 분입니다. 법 없이도 사실 분으로 다른 사람에게 피해를 주는 것을 가장 싫어하시는 분입니다."

"이번에 '좋은 아버지' 상을 수상하게 되었습니다."

"평상시에 주변 사람들이 저에게 상담을 많이 요청하는 편입니다. 아마 제가 편하게 느껴지는 모양입니다. 어려운 일, 고민 사항들을 많이 털어놓습니다."

만약 내가 호의성을 강조해야만 되는 상황이라면 다음과 같은 사항을 말할 수도 있을 것이다.

"대학교 때 '등롱'이라는 봉사모임에서 매주 고아원을 방문하여 학습을 지도하였습니다."
"청경장학회 회장을 맡고 있는데, 매월 대학생 1명을 선발하여 장학금을 수여하고 있습니다."
"초등학교 아들에게 '아버지 사랑해요', '아버지 존경해요.' 등의 내용으로 문자 메시지를 자주 받는데, 그때가 가장 행복합니다."

3. 성실성
자신의 성실성을 전달하기 위한 기법으로는 약속, 상벌, 경력, 일관된 말과 행동, 연상효과, 사회적 증거 등이 많이 활용된다.
"저는 지금까지 한 번도 약속시간을 어겨 본 적이 없습니다."
"저는 초등학교 6년, 중학교 3년, 고등학교 3년 동안 한 번도 지각, 결석을 한 적이 없습니다."
"저는 먼저 직장을 다닐 때 회사 전체에서 가장 먼저 출근하고 가장 늦게 퇴근하였습니다."

"저는 제게 맡겨진 일은 끝까지 책임을 완수합니다."

"저희 어머니께서는 30년이 넘는 동안 한곳에서 식당을 운영하셨습니다. 그리고 제가 어렸을 적부터 항상 '사람은 변함이 없어야 한다'고 말씀하셨습니다. 저는 어머님의 말씀을 좌우명으로 삼아 항상 처음과 끝이 똑같은 사람이 되려고 노력하고 있습니다."

"제 고객의 80%는 대부분 5년 이상 된 장기고객입니다. 그 이유는 언제나 제가 성실한 자세로 일하기 때문이라고 말씀합니다."

이상과 같이 신뢰감을 형성하는 설득 커뮤니케이션에 대해 알아보았다. 이러한 것들은 이미 우리기 현실에서 활용하고 있는 사항들이다. 대학교 입학이나 회사에 취업하기 위해 작성하는 자기소개서, 이력서는 대부분 유능성, 호의성, 성실성에 대한 신뢰감을 형성하기 위한 기법들로 내용이 채워져 있다. 사회에서 사용하는 명함 또한 마찬가지다. 박사, 회장, 저서 등을 명함에 적는 것이 모두 신뢰감을 형성하려는 노력들이다.

사기꾼들은 어떻게 할까? 화려한 사무실, 고급 집기, 유명인과 함께 찍은 사진, 대형자동차, 외국대학의 수료증, 고아원이나 양로원 봉사활동 사진, 단체나 협회의 임원 프로필, 언론방송 기사 등 모든 방법을 총동원하여 신뢰감을 형성시킨다.

신뢰 형성에는 본질이 가장 중요하다. 따라서 다른 사람들에게 신뢰감을 얻을 수 있도록 나의 본질을 잘 가꿔야 한다.

그러나 본질은 100% 그대로 파악하기 어렵다. 본질과 더불어 나에 대한 이미지가 중요한데 이미지는 설득 커뮤니케이션에 따라 매우 달라진다.

지금까지 말한 설득 커뮤니케이션 기법을 활용하여 나에 대한 신뢰감을 효과적으로 형성해보자.

인간관계 10계명

1. 사람을 추구하라.

푸쉬킨이 말했다. "인간이 추구해야 할 것은 돈이 아니다. 인간이 추구해야 할 것은 항상 인간이다."

성공적인 인생을 살고 싶으면 돈이나 일보다 사람을 추구하라.

2. 등잔 밑부터 살펴라.

가장 소중한 시간은 지금, 가장 소중한 장소는 여기, 가장 소중한 사람은 옆에 있는 사람이다. 가족, 친구, 직장동료부터 소중하게 생각하고 대하라.

3. 먼저 손을 내밀어라.

사람들은 먼저 다가서지 않으며 상대방이 다가오기를 기다린다. 친구를 사귀고 싶으면 먼저 손을 내밀어라. 용기 있는 자가 미인을 얻고 먼저 다가서는 자가 친구를 얻는다.

4. 관심과 호감을 가져라.

사람은 자기를 좋아하는 사람을 좋아하며, 자기에게 관심을 나타내는 사람에게 관심을 갖게 된다.

누군가의 호감과 관심을 얻고 싶으면, 먼저 그 사람에게 호감과 관심을 가져라.

5. 경청하고 공감하라.

인간관계는 통하는 사람과 친해지기 마련이다.

사람들을 만나면 상대방의 말을 경청하고 상대방의 생각과 감정, 상대방이 처해 있는 상황에 대해 공감하라.

6. 따뜻한 말을 건네라.

상대방에게 기쁨을 주는 말, 힘과 용기를 주는 말, 마음을 따뜻하게 만들어 주는 말을 건네라.

7. 상처 주는 말을 하지 마라.

다른 사람에게 책임과 잘못을 전가하지 말고, 쓸데없는 비판이나 비난을 삼가고, 감정과 자존심에 상처를 주지 마라.

8. 마음을 열고 진심으로 다가서라.

인간관계는 알고, 이해하고, 친해지고, 믿음이 형성되는 순서로 발전된다. 좋은 관계를 맺으려면 먼저 내 마음을 열고 생각과 감정을 솔직하게 표현하라. 때로는 비밀도 공유하라.

9. Give & Forget 하라.

진실된 관계를 맺으려면 함께 기뻐하고 함께 슬퍼하라. 네 일이 내 일 같아야, 내 일도 네 일 같아진다.

Give & Take 하지 마라. 받을 거 생각하고 주는 사람은 정 떨어진다.

10. 먼저 등 돌리지 마라.

쉽게 친해지지 않는다고 등 돌리지 마라. 이익이 없다고 등 돌리지 마라. 서운하다고 등 돌리지 마라. 한 번 맺은 인연은 영원한 인맥으로 생각하고 절대로 먼저 등 돌리지 마라.

만나면 내편이 되는
매력의 조건

지은이 양광모
발행일 2022년 4월 15일
펴낸이 양근모
펴낸곳 도서출판 청년정신
출판등록 1997년 12월 26일 제 10-1531호
주 소 경기도 파주시 문발로 115 세종출판벤처타운 408호
전 화 031) 955-4923 팩스 031) 624-6928
이메일 pricker@empas.com